考える 広がる つながる

保育内容「健康」と指導法

編著 近喰晴子 茗井香保里

中央法規

はじめに

　WHO（世界保健機関）は健康の条件を、身体的健康、精神的健康、社会的健康の3点から定義づけています。このテキストを手にされた皆さんは「健康」という言葉からどのようなことをイメージされるでしょうか。また、身体的・精神的・社会的健康を満たすために、何を大切にし、どのような取り組みをしなければならないのでしょうか。

　乳幼児期は健康生活への出発点です。本書では、WHOの健康への定義を考慮しつつ、学習指導要領の保育内容「健康」の目標として示された「健康な心と体を育て、自ら健康で安全な生活を作り出す力を養う」ための基本事項や指導方法を学んでいきます。

　本書の特色は、各章ごとに、学習の準備（予習）、養成校での学び、学習のまとめ（復習）と学びの過程を明確にしたこと、本論中に演習課題を取り入れ、学生が主体的かつ能動的な学びができるよう工夫するなど、より丁寧に学習できるようにしたことです。また、社会的健康につながる広義にとらえたインクルーシブ教育のあり方や、幼児期から取り入れたいヘルスプロモーションについても取り上げています。

　ご多忙のなか、執筆にご協力くださいました先生方は、それぞれの保育者養成校で保育内容「健康」や関連分野を担当され、社会的にも活躍されています。いずれの章も執筆者の研究分野を活かした興味深い内容となっています。本書『保育内容「健康」と指導法』が保育を学ぶ学生にとって自身の健康を考えるきっかけとなり、子どもの健康生活を支えるための学びの一助になることを期待しています。

2025年2月

編著者　近喰　晴子
　　　　茗井香保里

目次

はじめに

第1章 領域「健康」とは

　　　学習の準備 2
第1節　領域の意味と領域「健康」 2
第2節　ねらいと内容 4
第3節　内容の取り扱いについて 8
　　　学習のまとめ 10

第2章 保育の基本

　　　学習の準備 12
第1節　幼児教育・保育の基本 12
第2節　育みたい資質・能力 18
第3節　幼児期の終わりまでに育ってほしい姿（10の姿）と健康 ... 21
　　　学習のまとめ 21

第3章 子どもの心身の発達

　　　学習の準備 24
第1節　乳幼児期の心身の発達 24
第2節　乳幼児期の心身の発達を支える保育者の役割 ... 29
　　　学習のまとめ 36

第4章 子どもの運動能力と遊び

　　　学習の準備 38
第1節　乳幼児期の運動の発達 38
第2節　運動遊びと保育者のかかわり 40
第3節　遊びと安全への配慮 43
　　　学習のまとめ 45

第5章 食への関心と生活習慣

　　　学習の準備 48
第1節　授乳から食生活の自立 48
第2節　食への関心を育てるために 54
第3節　食に対する課題とかかわり方 58
　　　学習のまとめ 58

第 6 章 排泄習慣の自立

　　　　学習の準備 ……………………………………………………… 62
第 1 節　排泄習慣の自立 …………………………………………… 62
第 2 節　排泄習慣の自立へのかかわり …………………………… 64
第 3 節　排泄活動で大事にしたいこと …………………………… 73
　　　　学習のまとめ …………………………………………………… 74

第 7 章 生活リズムの形成と睡眠

　　　　学習の準備 ……………………………………………………… 76
第 1 節　睡眠のリズム ……………………………………………… 76
第 2 節　午睡中の安全と配慮事項 ………………………………… 82
第 3 節　休息 ………………………………………………………… 84
　　　　学習のまとめ …………………………………………………… 85

第 8 章 インクルーシブ保育と健康

　　　　学習の準備 ……………………………………………………… 88
第 1 節　発達上つまずきのある子どもとのかかわり …………… 88
第 2 節　家庭養育上困難を抱える子どもとのかかわり ………… 92
第 3 節　外国につながる子どもとのかかわり …………………… 95
　　　　学習のまとめ ………………………………………………… 100

第 9 章 遊びと健康

　　　　学習の準備 …………………………………………………… 102
第 1 節　遊びとは ………………………………………………… 102
第 2 節　遊びと遊具 ……………………………………………… 108
第 3 節　戸外遊びと固定遊具の特徴 …………………………… 114
　　　　学習のまとめ ………………………………………………… 118

第 10 章 地域の資源を活用した活動

　　　　学習の準備 …………………………………………………… 120
第 1 節　園外保育の意義と留意点 ……………………………… 120
第 2 節　地域資源の活用 ………………………………………… 125
第 3 節　ヘルスプロモーション ………………………………… 130
　　　　学習のまとめ ………………………………………………… 130

第11章 保育の安全と管理

学習の準備 …………………………………………………………… 134
第1節 室内遊具の安全管理 ………………………………………… 134
第2節 固定遊具の安全と点検 ……………………………………… 137
第3節 安心して遊べる保育環境 …………………………………… 140
学習のまとめ ………………………………………………………… 142

第12章 指導計画

学習の準備 …………………………………………………………… 144
第1節 指導計画作成の基礎知識とその準備 ……………………… 144
第2節 ICTを活用した教材研究と指導法の研究 ………………… 151
第3節 保育の評価について知っておこう ………………………… 153
学習のまとめ ………………………………………………………… 154

第13章 緊急時の備え

学習の準備 …………………………………………………………… 156
第1節 保育におけるリスクとハザード …………………………… 156
第2節 安全管理と安全指導 ………………………………………… 159
第3節 保育施設における安全指導の計画 ………………………… 161
第4節 災害や事故発生時の保育者のかかわり、保護者、地域連携 … 163
学習のまとめ ………………………………………………………… 165

第14章 架け橋期の保育と健康

学習の準備 …………………………………………………………… 168
第1節 架け橋期の保育・教育 ……………………………………… 168
第2節 小学校までに育てておきたい生活習慣や身体機能 ……… 174
学習のまとめ ………………………………………………………… 181

第15章 領域「健康」をめぐる現代的課題

学習の準備 …………………………………………………………… 184
第1節 社会や家庭の環境 …………………………………………… 184
第2節 子どもの育ちの問題 ………………………………………… 186
第3節 遊びの環境 …………………………………………………… 190
学習のまとめ ………………………………………………………… 195

編著者・執筆者一覧

第 **1** 章

領域「健康」とは

本章のねらい

本章では、保育内容「健康」に関する基本的な考え方を学びます。三つの視点から記された「ねらい」はどのような観点で示されているのでしょう。「内容」とはいったい何でしょう。ほかの教科ですでに学んでいるかもしれませんが、再度整理しましょう。ねらい、内容、内容の取り扱いの関係性についても焦点を当てて学びます。

学習のポイント

- 保育で使用されている領域の考え方を学びましょう。
- ねらいの考え方と保育内容「健康」のねらいを学びましょう。
- 保育内容「健康」に記された「内容」について学びましょう。
- ねらいを達成するために保育者が指導内容、指導上の留意点の関係性について学びましょう。

> **学習の準備**
>
> これまでの学校生活を振り返ってみましょう。登校して下校するまでどのように過ごしましたか。時間割によって学びの時間が決められており、さまざまな教科名が時間割表に記されていたのではないでしょうか。まず、学校生活で身につけた知識や技能は、どのような形態で獲得したのか思い出してみましょう。

第1節 領域の意味と領域「健康」

❶ 領域とは

　「領域」という言葉を聞くと、皆さんはどのようなことをイメージするでしょうか。国や人が支配する区域であったり、研究領域という言葉のように、調べたり研究したりする範囲をイメージする人もいるでしょう。保育の場では「領域」という言葉が使われていますが、どのような意味合いで使用されているのでしょうか。

　これまで、皆さんは学校教育において、国語や算数のように、それぞれが独立した授業として展開される教科を通して多くの知識、技能を学んできました。それぞれの教科には教科ごとに課せられたねらいや到達目標があり、それに従って系統的かつ体系的に知識や技能を身につけてきました。教科は決められたことを学ぶほか、体験していないことを学ぶことにも一つの特徴があります。また、理解しなければならないことが明確に示されているので試験をすることで評価されることもあります。学びの成果を点数で表すことができることも教科の一つの特徴でしょう。

　幼稚園や保育所、認定こども園でも同じような学びのスタイルは可能でしょうか。

　乳幼児期の発達的な特性を考えると、小学校以上のような学びのスタイルは難しいといえます。乳幼児期は、子どもたちの生活や遊びのなかに学びの要素が多く含まれている、という考えをもとに、現在の保育は行われています。つまり、保育は乳幼児の生活や遊びを通した総合的な活動と位置づけられているのです。保育の場における領域という概念は、遊びのなかに学びがあることを指します。

乳幼児期の保育は学校教育とは異なるので、領域別に教育課程を編成する、特定の活動と結びつけて指導するといったことはしません。各領域に示されたねらいはありますが、それをいつ、どこで、どのように達成すればよいかは決められていません。達成度を点数で評価することもできません。しかし、子どもの育ちをとらえるには一定の視点が必要となります。そこで、遊びのなかで、どのような育ちをしているのかを見る視点や窓口として考えられたのが領域です。現在、幼稚園、保育所、認定こども園には、子どもの育ちを見る視点として、健康、人間関係、環境、言葉、表現の5つの領域が示されています。

❷ 領域「健康」の位置づけ

　領域「健康」は、心身の健康に関する領域として示されています。なぜ5つの領域の最初に位置づけられているのでしょうか。それは、すべての活動の源は、健康で安全な生活のもとに築かれるからです。その基盤を形成していくのが乳幼児期です。食事や睡眠を核とした規則正しい生活リズムや生活習慣、遊びを通して培われる身体機能や運動機能などの体づくり、安全な生活など、伸び伸びと体を動かすことの心地よさを味わうことから始まります。

　また、健康に関する具体的な育ちとして、「幼児期の終わりまでに育ってほしい姿」（10の姿）が「幼稚園教育要領」「保育所保育指針」「幼保連携型認定こども園教育・保育要領」を合わせた通称3法令によって示され、「健康な心と体」では「幼稚園（保育所、認定こども園）生活の中で、充実感をもって自分のやりたいことに向かって心と体を十分に働かせ、見通しをもって行動し、自ら健康で安全な生活をつくり出すようになる」と子どもの育ちの方向性を記しています。

演習課題

　遊びの一場面です。この遊びのなかで子どもたちはどのような経験をしていますか。また、どのような学びや気づきをしているでしょう。グループで話し合ってみましょう。また、話し合ったことをグルーピングしてみましょう。どんな気づきがありましたか。

写真1-1

第 2 節　ねらいと内容

❶ ねらいとは

　幼稚園教育要領解説には、「幼児が生活を通して発達していく姿を踏まえ、幼稚園教育において育みたい資質・能力を幼児の生活する姿から捉えたもの」をねらいとする、と記されています。保育所保育指針には、「第 1 章の 1 の(2)に示された保育の目標をより具体化したものであり、子どもが保育所において、安定した生活を送り、充実した活動ができるように、保育を通じて育みたい資質・能力を、子どもの生活する姿から捉えたもの」と記されています。別の表現をすると、乳幼児が園生活のなかで「こんなことができるといいな」「こんな経験をするといいね」「こんな能力を伸ばしてほしい」といった保育所の子どもに対する願いが詰まったものともいえます。

保育所保育指針
第 1 章 1 (2)保育の目標

> 第 1 章　総則
> (2)　保育の目標
> ア　保育所は、子どもが生涯にわたる人間形成にとって極めて重要な時期に、その生活時間の大半を過ごす場である。このため、保育所の保育は、子どもが現在を最も良く生き、望ましい未来をつくり出す力の基礎を培うために、次の目標を目指して行わなければならない。
> 　(ｱ)　十分に養護の行き届いた環境の下に、くつろいだ雰囲気の中で子どもの様々な欲求を満たし、生命の保持及び情緒の安定を図ること。
> 　(ｲ)　健康、安全など生活に必要な基本的な習慣や態度を養い、心身の健康の基礎を培うこと。
> 　(ｳ)　人との関わりの中で、人に対する愛情と信頼感、そして人権を大切にする心を育てるとともに、自主、自立及び協調の態度を養い、道徳性の芽生えを培うこと。
> 　(ｴ)　生命、自然及び社会の事象についての興味や関心を育て、それらに対する豊かな心情や思考力の芽生えを培うこと。
> 　(ｵ)　生活の中で、言葉への興味や関心を育て、話したり、聞いたり、相手の話を理解しようとするなど、言葉の豊かさを養うこと。
> 　(ｶ)　様々な体験を通して、豊かな感性や表現力を育み、創造性の芽生えを培うこと。
> イ　保育所は、入所する子どもの保護者に対し、その意向を受け止め、子どもと保護者の安定した関係に配慮し、保育所の特性や保育士等の専門性を生かして、その援助に当たらなければならない。

ねらいは各領域すべてにおいて、⑴心情・⑵意欲・⑶態度という三つの視点で示されています。心情とは、「おもしろそうだな」「やってみたいな」などとする心の動き、気持ちを指します。一方、意欲は子どもたちが遊びや活動に取り組んでいる姿そのものを指します。また、態度とは「おもしろいね」「こうしようよ」などと話し合う、遊びをよりおもしろくする工夫をしながら、遊び続ける姿などを指します。

保育所、認定こども園においては、三つの年齢区分により領域・ねらいが示されています。また、幼稚園は3歳以上児の保育内容として示されています。3歳以上児の保育については3施設共通になっています。以下に領域「健康」のねらいを抜粋しました。

> 参考　幼児期に育みたい資質・能力
> 1. 知識及び技能の基礎…個々の子どもがもつ個人知
>   「ぼく、知ってるよ」「わたし、できるよ」といったこと
> 2. 思考力、判断力、表現力等の基礎…遊びから培われる実践知
>   個々のもつ知識、技能を出し合って生まれる遊びの姿
> 3. 学びに向かう力、人間性等…遊びを通して培われる人間知
>   「失敗しても大丈夫」「一緒に遊ぼう」などの非認知能力
>   各ねらいに記された心情・意欲・態度

領域「健康」のねらいは次のように示されています。
　乳児保育における「健康」に結びつくねらい
　ア　健やかに伸び伸びと育つ
　　　健康な心と体を育て、自ら健康で安全な生活をつくり出す力の基盤を培う。
　　①　身体感覚が育ち、快適な環境に心地よさを感じる。
　　②　伸び伸びと体を動かし、はう、歩くなどの運動をしようとする。
　　③　食事、睡眠等の生活のリズムの感覚が芽生える。
　1歳以上3歳未満児の保育に関する「健康」のねらい
　ア　健康
　　　健康な心と体を育て、自ら健康で安全な生活をつくり出す力を養う。
　　①　明るく伸び伸びと生活し、自分から体を動かすことを楽しむ。
　　②　自分の体を十分に動かし、様々な動きをしようとする。
　　③　健康、安全な生活に必要な習慣に気付き、自分でしてみようとする気持ちが育つ。

3歳以上児の保育に関する「健康」のねらい

ア　健康

　健康な心と体を育て、自ら健康で安全な生活をつくり出す力を養う。

① 明るく伸び伸びと行動し、充実感を味わう。

② 自分の体を十分に動かし、進んで運動しようとする。

③ 健康、安全な生活に必要な習慣や態度を身に付け、見通しをもって行動する。

遊びのなかでこんな体の動きも獲得しました。

写真1-2

いくよ

写真1-3

ジャンプ！

事例1-1

　園庭で保育者がタンバリンを肩の位置に掲げ、たたきながら楽しそうに立っています。Ａちゃんがジャンプをして「パン」とたたきました。それを見ていたＢちゃん、Ｃちゃんも同様にタンバリンをたたきます。保育者は、スタートラインを引くことを提案し、少し離れた場所に立ち、タンバリンを頭の高さに掲げました。スタートラインに立った子どもたちが次々に走ってきてジャンプをし始めました。子どもたちの走る間隔が短くなり、ぶつかる危険性が生じたので、話し合いをし、前の子がジャンプを終えたら、次の子がスタートするというルールにしました。保育者はタンバリンの位置を高くしたり低くしたりしながら、子どもたちが楽しく遊べるよう工夫しました。

演習課題

　事例の保育者は、この遊びからどのような経験や育ちを期待しているのでしょうか。保育者になったつもりで、ねらいを考えてみましょう。また、各自で考えたことをグループで話し合ってみましょう。

❷ 内容とは

　幼稚園教育要領には、内容とは、「ねらいを達成するために指導する事項」と記されています。言い換えると、それぞれの園が掲げたねらいを達成するために、保育者が乳幼児の実情を踏まえながら、何をどのように経験させればよいか、指導内容を具体的に整理した事項といえます。したがって、ねらいは乳幼児期の発達の方向性を子どもの視点からまとめたものであり、内容は保育者の視点から具体的な指導事項として記されているものといえます。

　3歳以上児の領域「健康」の指導事項としての内容は、以下のように幼稚園教育要領に示されています。語尾に「〜ことを指導する」を加えると保育者のかかわり方が理解できるでしょうか。

⑴先生や友達と触れ合い、安定感をもって行動する。
⑵いろいろな遊びの中で十分に体を動かす。
⑶進んで戸外で遊ぶ。
⑷様々な活動に親しみ、楽しんで取り組む。
⑸先生や友達と食べることを楽しみ、食べ物への興味や関心をもつ。
⑹健康な生活のリズムを身に付ける。
⑺身の回りを清潔にし、衣服の着脱、食事、排泄などの生活に必要な活動を自分でする。
⑻幼稚園における生活の仕方を知り、自分たちで生活の場を整えながら見通しをもって行動する。
⑼自分の健康に関心をもち、病気の予防などに必要な活動を進んで行う。
⑽危険な場所、危険な遊び方、災害時などの行動の仕方が分かり、安全に気を付けて行動する。

演習課題

　上記、内容「⑶進んで戸外で遊ぶ」とあります。このことについて考えてみましょう。生活のスタイルが変わり、子どもたちは戸外で遊ぶ経験が少なくなってきています。戸外での活動は、開放的で、子どもが興味・関心をもつ素材、自発的に活動を生み出す素材がたくさんあります。

　子どもたちが、戸外に関心を向け、進んで戸外活動を楽しむようにするには、どのような環境や工夫をすればよいでしょうか。こんな遊び、あんな活動…と考えてみましょう。また、各自で考えたことをグループで話し合いましょう。

第3節 内容の取り扱いについて

❶ 内容の取り扱いとは

　内容に掲げられた事項を、保育者が指導する際の留意点として示されたものが内容の取り扱いです。領域「健康」の留意点として、幼稚園教育要領には以下6項目が示されています。

① 　心と体の健康は相互に密接に関連していることを指摘しています。心配事や不安があると表情が沈んだり、積極的に遊びのなかに入れなかったりします。自分自身の気持ちを含め、保育者や友だちから肯定的に受け入れられていると感じたとき、生き生きと行動し、自分の本心や自分らしさを表現できるようになります。その結果、体を動かすことの心地よさ、自ら体を動かそうとする意欲的な態度を身につけていきます。反対に、自分の気持ちをわかってもらえなかったり、自分の存在を否定的にとらえられると心を閉ざしてしまいます。このことを意識しながら指導にあたることが保育者に求められます。

② 　子どもが体を動かすことの楽しさを味わったり、自分の体を大切にする気持ちを育てるには、保育者のかかわりや配慮が重要であることが記されています。子どもの興味・関心を引き出し、体を動かす心地よさを味わえるように環境を整えることが大切なこと、思い切り遊んだあと、休息をとる、汚れた衣服を着替えるなど、自分の体を労わること、その行為が他者を気遣う気持ちに育っていくことを認識し指導することが大切としています。

③ 　近年、子どもの様子を見ていると、室内で過ごすことに心地よさを感じる子どもが増えているように思います。戸外の活動に関心を示さない傾向がみられるようであれば、戸外活動に魅力をもてるよう、環境の見直しや園庭空間の使い方を再検討する必要があります。固定的になりがちな園庭ですが、遊具の配置を変えてみることで、新たな遊びを誘発できるのではないでしょうか。

写真 1-4 子どもの遊びを誘発する環境事例① **写真 1-5** 子どもの遊びを誘発する環境事例②

横方向から見ると　　　　　　　　　　　縦方向から見ると

④　食育指導に関する留意事項について記されています。乳幼児期には、食べる喜びや楽しさ、食べ物への興味・関心を育てる大切な時期です。楽しく食べられるよう音楽を用意する、花を飾るなどの雰囲気づくりが保育者には求められます。また、食への意欲は、食材に触れる経験、野菜を育てる経験などからも育まれることを理解したうえで、保育活動に取り入れていくことも大切です。

　　行事食、郷土料理など食文化に触れることにより地域社会とつながることも、豊かな体験となるでしょう。

　　食に関する配慮事項として特別に気をつけなければならないことは、アレルギーをもつ子どもへの配慮です。家庭や医療機関との連携、昼食時には他児と席を離すなど特別に配慮が必要なことが記されています。

⑤　生活習慣の自立に向けた配慮事項について記されています。乳幼児にとって家庭生活と園生活を切り離して考えることはできません。まずは家庭との連携が重要であること、情報を共有し、個々の実情に応じたかかわりが必要であるとしています。また、指導にあたっては、トイレの使い方、手の洗い方などの行動様式を繰り返し行わせることで習慣化させるのではなく、行為の意味を理解し、必要感をもって取り組めるようなかかわりが大事だとしています。そのためには、保育者の見守り、励まし、手を添えたかかわりなど子どもの状況に応じた対応が望まれます。

　　生活習慣の自立は、他児とのかかわりに気づくきっかけとなります。保育者は、乳幼児が他児の存在に気づき生活や遊びを通し、自律心、社会性、規範意識、道徳性などに気づけるよう指導することの必要性が記されています。その第一歩が生活習慣の自立です。

⑥　配慮点の最後に記されていることが、安全に関する事項です。乳幼児が安

心・安全に過ごせる環境は保育者によって整えられます。しかし、子ども自身も体を動かして遊ぶことにより、平衡感覚、柔軟性、瞬発力、握力など事故から身を守るための回避能力を培っていきます（**写真 1-6、1-7**）。保育者はそのことを理解し、過保護や過介入にならないよう気をつける必要があります。危険な場所、危険な行為の指導は、そのつど子どもと考えていくことが大事です。子どもの事故は、情緒の安定と密接な関係があります。情緒的に安定した環境、保育者や子ども同士の情緒的な関係づくりも大切です。

　緊急時、災害時の行動のとり方については、身を守るための基本的な対処方法を確実に伝える必要性を説いています。

写真 1-6　つかまる

怖くなったらしっかりつかまる

写真 1-7　くぐる

狭いところは身をかがめて

学習のまとめ

1. 下記の用語について、その特性がわかるように整理してみましょう。
   領域、ねらい、内容、内容の取り扱い
2. 領域「健康」は、どのような子どもの育ちを期待しているのでしょうか。また、保育者はどのような指導や支援をしていけばよいのでしょうか。整理してみましょう。

参考文献

- 文部科学省「幼稚園教育要領解説」2018.
- 厚生労働省「保育所保育指針解説」2018.
- 内閣府・文部科学省・厚生労働省「幼保連携型認定こども園教育・保育要領解説」2018.

第 2 章

保育の基本

本章のねらい

本章は、乳幼児期を通して、子どものどのような力を育てたいのか、それはどのような体験を積み重ねることによって得られるのかといった、幼児教育・保育の考え方の基本について書かれています。また、幼児教育の特徴は、環境を通しての教育であることです。子どもは周囲にある環境や人と出会います。そこでの環境の役割は大変大きいものがあります。環境とはどのようなものであるのが望ましいのか、この章を通して考えましょう。

学習のポイント

- 「保育所保育指針」に示されている「養護と教育の一体性」および「幼稚園教育要領」に示されている「幼稚園教育の基本」をもとに、幼児教育・保育の基本的な考え方を学びましょう。
- 乳幼児期の教育・保育は、この時期にふさわしい生活を送りながら、遊びを通して総合的に展開するということを理解しましょう。
- 子どもが生活や遊びを通して経験することと、幼児期に育まれる資質能力「知識及び技能の基礎」「思考力、判断力、表現力の基礎」「学びに向かう力」とのつながりについて学びましょう。

学習の準備

この章の学習を始める前に、「保育」という言葉の意味を確認しましょう。

「保育」とは広い意味で、「乳幼児期の特性を踏まえて、子どもの育ちを支え促す営み」として、保育の形態や保育施設の種別にかかわらず用いられています。「乳幼児期の特性を踏まえ」とあるので、子どもの育ちを支えるためには、乳幼児期ならではの子どもの見方や育ちを理解することも必要ということです。

乳幼児期の子どもを皆さんはどのようにとらえていますか。小学生の子どもとどこが違うかイメージを整理してみましょう。

第1節　幼児教育・保育の基本

❶ 環境を通しての教育

　第1章で述べたように、乳幼児期の保育は、子どもたちの生活や遊びのなかに学びの要素が多く含まれた総合的な活動として行われています。学校教育では、教科を通して多くの知識や技能を身につけ、時には体験していないことも学ぶということがあります。ところが、乳幼児期の保育は学校教育とは異なり、子どもが周囲の環境と出会い、自分の体を動かしながら、環境とのかかわりのなかで、さまざまなことに気づいていく過程が学びとなるのです。つまり、自ら興味のあるものにかかわり、手や体を使っていろいろ試してみたり、確かめてみたりしながら、心や頭を働かせてさまざまな体験を積み重ねていくことを促すことが乳幼児期の保育と考えることができます。

　園生活では、さまざまな環境が用意され、子どもは探索的に環境と出会い、かかわりを進めるなかで活動が展開されますが、そこに置かれた環境とはどのようなものが適切なのでしょうか。保育の環境は、発達の特性などが考慮されたものである場合がほとんどですが、単にそれだけでは子どもの興味・関心を引き出すことが難しいと考えられます。保育者が今まさに子どもに経験してほしいことは何かを考えて、遊具を配置したり、時には保育者がその遊具を扱っている様子を子どもに見せたり、子ども同士が遊びのなかで出会う場としていくなど、子どもの動きを予想して意図的に環境を構成することが大切です。環境を通しての教育

は、保育者が環境を構成する時点で、遊具等を用意するだけでなく、子どもが体を動かし、心や頭を働かせる姿を予想し、動的な活動となるような工夫を行うことであるともいえます。

❷ 乳児保育の基本

1. 養護と教育の一体性

　乳児（3歳未満児）の保育は、保育所または認定こども園で行われます。保育所保育指針には、養護の理念として、「保育における養護とは、子どもの生命の保持及び情緒の安定を図るために保育士等が行う援助や関わりである」と明示されています。つまり、保育所の生活は、体と心の基盤をつくりながら生きることを保障するものであるということです。大人の養育なしには、生きていくことが困難となる乳児の保育では、何はともあれ、生命を守り抜くことが最も重要で、それと同時に保育所という場所、保育士という人が安心できる存在となっていることも重要だということです。

　また、保育所における保育は、養護と教育がそれぞれの目的をもつのではなく、養護と教育を一体的に行うことをその特性とするとしており、保育全体を通じて養護の理念を踏まえて展開していきます。

2. 学びの芽生え

　乳児は大人との応答的なかかわりによって築いた信頼関係を基盤に世界を広げていきます。乳児は発達のスピードが著しく、運動機能の発達もめざましいものがあります。認知の力も発達し、周囲の人や物に気づき、接近して確かめようとする姿があります。自分の体を思うように少しずつ動かせるようになると同時に、その力を存分に発揮して、自分の体を通して環境に働きかけようとします。乳児期から、子どもは周囲の人や物に興味を示し、主体的に興味をもって直接的にかかわろうとします。そこには「学びの芽生え」といえるものがあり、その後の幼児期での生活や遊びのなかで環境にかかわる力の土台がつくられていきます。

❸ 幼児教育の基本

1. 幼児期にふさわしい生活の展開

　幼児期にふさわしい生活とは一体どのようなものでしょうか。
　まず、一つ目は、一日の生活のなかで行われる、遊ぶ、食べる、寝るなどの生

活の流れのなかで自然によい生活リズムがつくられることです。規則正しい生活リズムは、最初は大人が示していく場合がほとんどですが、年齢が上がるにつれ、生活の流れに見通しをもちながら毎日を過ごせるようになるのが理想です。また、食事をおいしく食べるためには、その前にお腹がすく活動、つまり、遊びを十分に行う必要がありますし、質の良い睡眠（休息）を取るためにも、体を動かす活動を思う存分行うなど、遊びが十分に行われることが必要となるでしょう。食べる、寝る、遊ぶからなる生活リズムは、一つひとつが充足していることにより、良いサイクルを生み出します。

　二つ目は、園生活での遊びが主体的に進められるものとなっていることです。園での遊びは、自由な活動として行われる遊び、クラスみんなで行う遊びなど形態が異なる場合がありますが、いずれの形態においても、子どもの興味・関心を踏まえて、保育者が計画的に用意した環境に子どもが主体的にかかわることにより生み出されます。主体的に取り組まれた遊びは、子どもが自分の体を動かし、試行錯誤したり、工夫したりしながら、心と頭を働かせることにつながります。また、遊びが楽しく発展するには、保育者の直接的な援助が必要な場合もあります。このように、主体的に始まり楽しく発展した遊びは、幼児期の子どもにとっての重要な学びの機会となります。

　三つ目は、子どもが家庭で築いてきた「人とかかわる力」を基盤として、保育者の受容的、応答的なかかわりにより築かれた信頼関係があふれる環境のなかで過ごすことです。また、保育者に支えられ、活動を促されながら、子ども同士のかかわりも増えていき、保育者と友達とともに生活しながら安定感のある園生活を送れるようになることです。

2．遊びを通しての総合的な指導

　第1章で述べたように、保育内容の領域は、小学校以上の教科のように特定の活動と結びつけて展開するのではなく、子どもが生活や遊びのなかでどのような育ちをしているかの視点です。したがって、遊びを通して育つものは何かと考えたときに、一つの活動について、5領域を視点として見てみることができるのです。

　遊びを通しての総合的な指導とはどのようなことを指しているのでしょうか。子どもは、園生活にさまざまに置かれた環境に対して、面白そう、やってみたいと思ったとおりに体を動かしながら、遊びを展開します。そのかかわりは多様で、すぐに行動を起こす子どももいれば、友達の様子を見ている子どももいま

す。また、行動を起こして、自分のなかに何かしらの気づきがあると、繰り返して納得のいくまで思いつくまま試してみながら遊ぶ子どももいます。すぐに行動を起こすことも、友達の様子を見ることも、子どもにとってはすべて体験です。子どもの学びは体験の積み重ねによるものなので、環境に対してどのようなかかわりをしてもそれは子どもにとって意味のあることです。最初、友達のやっている様子を見てばかりいた子どもも次第にやってみるようになり、自分の体を通して、その面白さを実感するようになります。このように、遊びとは子どもにより道筋は違っていても、体験を積み重ねていきながら、何かがわかっていく過程に違いありません。それが遊びを通しての総合的な指導ということになります。

　次の事例は、子どもたちの遊びによくみられる、しっぽ取り（鬼ごっこ）の様子です。一人ひとりの子どもの様子を観察していると、一つの遊びに5領域の視点をもたせて子どもの体験を読み解くことができます。

事例 2-1

　5歳児の11月のことです。子どもたちには自分たちで遊びを進める力がついてきました。これまで何度か遊んできたしっぽ取り（鬼ごっこ）が始まりました。これまでは、じゃんけんで2人の鬼を決めて、しっぽをつけた友達を追いかけてしっぽを取るというルールでやっていたので、今日もその遊び方で始まりました。

　何度か遊んでいるので、逃げる子どもたちは園庭の固定遊具や木の周りなどもうまく生かしながら、鬼にしっぽを取られないよう、鬼の動きを見ながら上手に逃げています。固定遊具や木の周りでも、ぶつからないようスピードを調整して走れるようになっています。鬼の子どもも、しっぽをつけた友達の動きをよく見ながら、地面も少し凸凹していますが、しっかりとした走りで友達のしっぽを取りに行きます。2人の鬼は、作戦を考えて、目と目で合図をしたりして、上手に捕まえます。しっぽ取りは、4歳児の頃からやっていますが、いろいろな方向に体の向きを切り替えたり、スピードを調整しながら、走る力が高まっています。走る力は、健康の領域から子どもの育ちをとらえることができます。

　いつもは、園庭で行っていたしっぽ取りでしたが、園外保育で広い平らなスペースのある公園に行きました。すると、そこでは広いスペースで思いっきり走れることに気づいた子どもが、いつもと違うルールにしようと言い出しました。いつもと違う環境を感じ取り、違う遊び方を思いついたようです。これまでは、2人の鬼がしっぽを取り、取られた子どもが鬼になるというルールでしたが、チーム対チームの遊びになるよう、全員が相手チームの子どものしっぽ

を取り、全員のしっぽが先に取られたチームの負けです。提案した子どもは、一生懸命に友達に新しいルールを言葉で説明しています。すぐにルールが飲み込めないまま、一度やってみましたが、うまくいきません。少し、いざこざのようになってしまいましたが、保育者も一緒に入って、だんだん新しいルールが共有されていき、みんな新しいルールのしっぽ取りで充実した遊びの時間となりました。新しいルールでの展開では、環境、言葉、人間関係の領域から子どもの育ちを確認することができました。

演習課題

園での遊びを取り上げ、さまざまな子どもの姿を観察し、それぞれの体験内容を書き出して、5つの領域の視点と照らし合わせて説明してみましょう。

3. 一人ひとりの発達の特性に応じた指導

人の発達は、おおよそ同じ段階をたどりながら進んでいきます。体の発達を例に挙げると、寝ている姿勢でいた0歳児が、寝返りをうって、腹ばいの姿勢を取り、次第にお座りができるようになります。腹ばいの姿勢をとれるようになる前にお座りができるようにはなりません。また、お座りができないうちに、つかまり立ちをしたりすることもできません。このように体の発達には一定の順序がありますが、発達のスピードには個人差があります。生活や遊びへの取り組みは、体の発達だけでなく、認知や社会性の発達も大きく影響します。そのため、一人ひとりの発達の特性に応じた指導が必要となってくるのです。

事例2-2

3歳児の入園当初は、子どもたちが園生活に慣れていくために、さまざまな配慮が必要です。3歳未満児の保育を受けていた子どももいますが、家庭を中心に過ごしていた子どももいます。集団の遊びを経験するのは初めての子どもが多いという子どもの実態があるなか、簡単な鬼ごっこをやってみました。

2人の保育者で、子どもを追いかけてつかまえる鬼の役割と、子どものなかに入って一緒に動く役割に分かれました。すぐに鬼からつかまらないよう逃げて遊べる子どももいます。また、保育者がほかの子どもをつかまえようとしている時に、後ろから鬼に近づいて、鬼に気づかれたらすぐさま逃げようとする子どももいます。そのようななか、つかまえられそうになると怖くなり、泣いてしまう子どももいました。一人ひとりの様子に合わせて、遊びが楽しいもの

であることが伝わるよう、保育者は雰囲気づくりをします。友達や友達の動きを感じ取りながら思いきり体を動かして遊ぶ楽しさを少しずつ体験していきます。

4. 保育者の役割

環境を通しての教育を行う際の保育者の役割にはさまざまなものがあります。

一つ目は、子どもの興味・関心に合った環境を用意することです。用意するにあたっては、日頃の子どもの行動や内面をよく観察し、一人ひとりの特徴を十分に理解したうえで、遊びの素材や遊具を用意し、遊びのきっかけとなるものや事柄を整えて保育の準備をします。子どもが自ら遊びに取り組む姿勢を大切にするのはもちろんですが、保育者自身もさりげなく活動に加わり動く姿をみせていくことで、自分もやってみたいという子どもの意欲を引き出すことがあります。

二つ目は、用意した環境のなかで、子どもの遊びへの取り組みの状況を見ながら、不足しているものを補ったり、環境を変化させることです。子どもが何かに取り組んでいるときには、よく観察し、遊びの展開を予想します。同時に内面の動きも想像して、何をしようとしているのか、何を楽しんでいるのかといったことを理解し、受け止めながらかかわります。時には、遊びが停滞する様子が見られることがあるかもしれません。そのような場面では、どんな工夫をしたらよいのか、何か活用できる遊具はないかなど、子どもと一緒に考え、共感することで遊びが充実します。

❹ 幼児教育・保育における協働

子どもは多くの人に受け止められ、支えられながら育ちます。子どもの育ちは家庭を基盤として、園生活、地域とのつながり、社会とのつながりのなかで多くの大人に支えられているのです。保育の仕事は、担任やリーダーを中心としながらも、チームとして協働することにより、より良い保育の実践となります。チームで協働しながら、複数の眼で子どもの成長を見ることで、一人では気づかなかった子どもの一面に気づくこともできます。日頃の保育のなかで、同僚の保育者とは、保育の環境のこと、子どものことをよく話し合う機会をつくることが大切です。また、園には、保育者以外にも、事務職、調理員、看護職などさまざまな職種の職員がいます。園の安全への対応にかかわることなどは、他職種との協働で進めていくことも少なくありません。

地域でどのように子どもが育っているのかという視点も保育者はもっていたいものです。地域には子育て支援施設がありますが、そういった場所での親子の利用状況に目を向け、子育て支援施設もまた、協働して子どもを育てていると考え、子どもの育ちを広い視野でとらえてみましょう。

　こども基本法（令和5年4月施行）の理念にのっとり、母親の妊娠期から幼保小接続の重要な時期に着目し、「はじめの100か月の育ちビジョン」が推進されることとなりました。幼児期までこそ、生涯にわたるウェルビーイング（身体的・精神的・社会的に幸せな状態）の向上にとって最重要という考え方に基づいて、「こどもを社会の真ん中に」という視点で育ちを支える工夫をしていこうというものです。子どもを中心に、保護者・養育者、子どもと直接接する人、子どもが過ごす空間、地域の空間、施策や文化にかかわるすべての人が層を形成しながら切れ目ない環境や社会をつくり、協働しながら、子どものウェルビーイングを高めていく取り組みも始まっています。

> **演習課題**
> 　自分が住んでいる地域や大学の周辺にある子ども関連の施設にはどのような施設があるか、調べてみましょう。また、その施設は、園や家庭とどのような協働をすることができそうか、考えてみましょう。

第2節 育みたい資質・能力

❶ 園生活を通して育まれる資質・能力

　前節で述べた幼児教育・保育の基本を踏まえ、園生活を通して育まれる資質・能力には、次の3つがあります。

① 豊かな体験を通じて、感じたり、気づいたり、わかったり、できるようになったりする「知識及び技能の基礎」
② 気づいたことや、できるようになったことなどを使い、考えたり、試したり、工夫したり、表現したりする「思考力、判断力、表現力などの基礎」
③ 心情、意欲、態度が育つなかで、よりよい生活を営もうとする「学びに向かう力、人間性など」

　この3つの資質・能力は、乳幼児期に園生活を通してのみならず、幼稚園、

図 2-1　園生活を通して育まれる 3 つの資質・能力と 10 の姿の関係

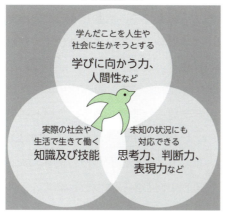

出典：文部科学省ウェブサイト「幼児期の終わりまでに育ってほしい姿」

　保育所、認定こども園、小学校、中学校、高等学校と学校教育を通して育んでいくというものです。学校教育を通して、「知識及び技能」は実際の社会や生活で生きて働く力として、「思考力、判断力、表現力など」は未知の状況にも対応できる力として、「学びに向かう力、人間性など」は学んだことを人生や社会に生かそうとする力として、3 つをバランス良く、発達に応じて育んでいきたい資質・能力です。

　実際に、園生活では、例えばどのような場面でみられるでしょうか。

　「知識及び技能の基礎」は、自分が生活する環境のなかにあるさまざまなものの特徴がわかるということです。水道から出る水の量を多くすれば圧力で跳ね返りますが、水の量を少なくすれば跳ね返りが少なくなるということを知っていき

ます。砂場で山を作っているときに、さらさらしすぎていると山は崩れてしまいますが、水分が十分にあるとしっかり固まり、水をたくさん持ってきすぎると砂の山は崩れてしまいます。このように、園の生活のなかで、活動することのほとんどは、子どもが自分の体や手を使った直接的な体験として、体を通してわかりながら、知識として技能として獲得されていきます。

「思考力、判断力、表現力などの基礎」は、遊びのなかで、何かしら工夫をしないと自分がやりたい形にならないようなときに見られるでしょう。高いところにあるものを手に入れたいけれども届かないとしたら、子どもはどうするでしょうか。足場になるようなものを持ってきて、重ねて手を伸ばそうとします。あるいは、それでも届かなければ、保育者を呼んできて何とかしようとします。このように環境にあるものを通して、自分がやりたいということを実現するときに、どうしたらできるようになるのか考え、工夫するという試行錯誤を繰り返すなかで育まれていきます。

「学びに向かう力、人間性など」は、園生活で体験したことのなかから、自分はこれが好きである、おもしろそうだからもっとやってみたい、知りたい、できるようになりたいという感じに、自然に次のレベルのものを求めていこうとする志向のことです。また、友達や保育者との人間関係がつくられてくると、活動を他者と一緒に行いたいという気持ちが生まれ、他者にとって居心地の良い状況を考えられるようになる等、さまざまな体験と心情をベースに育つ力です。

❷ 認知能力と非認知能力

従来、社会で生きていく力として認知能力（すなわち学力）を育成することが重要視されてきましたが、現代では社会の変化とともに、求められる能力も変化してきており、新たに育成する必要のある非認知能力が注目されるようになっています。非認知能力とは、意欲、自制心、マインドセット、創造性、性格等で、社会情動的な力ともいわれています。非認知能力は、認知能力と明確に分けるのが難しい部分もありますが、認知能力によるパフォーマンスを促進するだけでなく、長期的なウェルビーイングや社会適応、成果に影響すると考えられています。現代では、この非認知能力を特に幼少期に伸ばすことがとても重要であるという考え方が広く浸透してきています。❶で述べた園生活を通して育まれる資質・能力の「学びに向かう力、人間性など」は、まさに非認知能力ともいえます。

第3節 幼児期の終わりまでに育ってほしい姿（10の姿）と健康

❶ 10の姿とは

　園生活を通して育まれる3つの資質・能力を5歳児後半の姿に即して示されたものが、「幼児期の終わりまでに育ってほしい姿」（10の姿）です。この10の姿は、できるようになるといった到達目標ではない点に注意する必要があります。保育内容の5領域と同様に、一つひとつを活動と結びつけたりするものでもなく、あくまでも保育者が子どもの普段の様子に10の姿を重ね合わせられるようになっていたいというものです。

演習課題
　園での体を動かす遊びを通して、どのような資質・能力を育てたいですか。保育者になったつもりで考えてみましょう。

学習のまとめ
　この章では、幼児教育・保育を通しての子どもが獲得する力は、学校教育全体に通じるものですが、乳幼児期の子どもにふさわしいやり方で環境を通して指導を行うということを学びました。この章の学びを終えたら、次のステップとして、子どもの興味関心にふさわしい環境とはどのようなものか、子どもの遊びの様子を観察しながら考えてみましょう。

参考文献
- 文部科学省「幼稚園教育要領解説」2018.
- 厚生労働省「保育所保育指針解説」2018.
- 内閣府・文部科学省・厚生労働省「幼保連携型認定こども園教育・保育要領解説」2018.
- 秋田喜代美監、東京大学大学院教育学研究科附属発達保育実践政策学センター編著『保育学用語辞典』中央法規出版、2019.

第 3 章

子どもの心身の発達

本章のねらい

本章では、子どもたちの心と体の成長について学びます。また、心身の発達を支える保育者の役割について、園での事例を活用しながら解説しています。発達の理解は、子どもたちの個性を尊重し、一人ひとりに合った保育を行うための基礎となります。子どもたちと接するにあたって、保育者として大切なことを意識して学習しましょう。

学習のポイント

- 乳幼児期の心身の発達について理解しましょう。
- 乳児期、幼児期の心身の発達を支える保育者の役割について学びましょう。
- 模造紙を活用して、ワールドカフェ方式のグループワークを実施することから、他者と考えを共有しましょう。

> **学習の準備**
>
> 5枚の写真は一人の子どもの成長過程を表しています。これまでかかわったことのある子どもたちの姿を思い出しながら、5枚の子どもの写真を、生まれたときから早い順番に並べてみましょう。
>
> A 寝返り　B 首のすわり　C 一人歩き
> D 階段を上る　E つかまり立ち

第1節　乳幼児期の心身の発達

❶ 発達の見方・とらえ方

　「何歳になったらこれができるようになります」ということを保育者が理想として求めていくのではなく、発達の階段を上っていくというより、むしろスパゲッティ型（図3-1）のように行きつ戻りつするのが、子どもの本来の姿ではないでしょうか。実際に子どもと話をしていると、子どもの成長はスパゲッティ型に近く、2歳でできるといわれていることが4歳になってできる子もいれば、4歳でできるといわれていることが2歳や3歳でできる子もいます。保育者は子どもをそのような存在としてとらえていくことが大切です。

　図3-2は、乳幼児期の心身の発達を、自己認識や社会性の発達などの「心理・社会的発達」、言語の獲得、創造力の発達などの「認知的発達」、粗大運動・微細運動の発達からなる「身体的発達」の三つに大きく分類しています。乳幼児期の心と身体は、相互に影響し合いながら発達していきます。

図 3-1　階段型とスパゲッティ型

図 3-2　乳幼児期の心身の発達

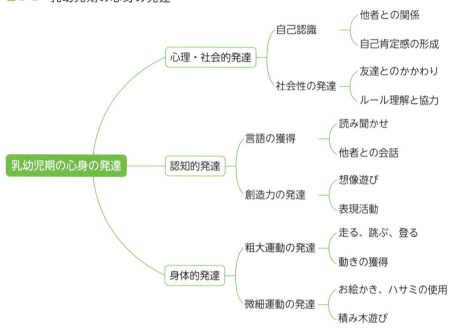

❷ 身体の諸機能の発達

1. 身長と体重の発育

　出生時の身長や体重の平均値は、平成 22 年乳幼児身体発育調査報告書によると、**表 3-1** に示したように、身長は約 48 cm、体重は約 2900g となっています。しかしながら、この数字はあくまで平均値であり、身長は 44 ～ 52cm、体重は 2010 ～ 3760g と幅があります[1]。

　身長は、1 歳頃に約 1.5 倍に、4 歳頃にかけて出生時の 2 倍以上に成長をします。一方、体重は 3 ～ 4 か月で出生時の体重の約 2 倍、1 歳頃には約 3 倍以上に増加します。

　出生後の成長のことについて注目されがちですが、胎生期の栄養状態が出生後の体重に影響を与えることもわかっています。第二次世界大戦後にオランダで起こった飢饉における疫学的研究から「妊娠後期に低栄養状態になった場合は低出

表 3-1　病院調査による出生時の体重、身長の平均値

	男子	女子
身長	48.7cm	48.3cm
体重	2980g	2910g

出典：厚生労働省雇用均等・児童家庭局『平成22年乳幼児身体発育調査報告書』pp.15-16、2011.

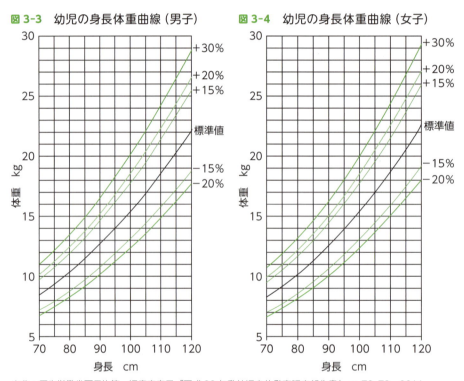

図 3-3　幼児の身長体重曲線（男子）　　図 3-4　幼児の身長体重曲線（女子）

出典：厚生労働省雇用均等・児童家庭局『平成22年乳幼児身体発育調査報告書』pp.72-73、2011.

生体重となり、成人期に耐糖能異常・肥満[2)]」傾向となることが確認されています。

　身長や体重の発育には、遺伝的要因、胎生期からの環境、栄養状態が関係しています。そのため、同じ2歳児であっても、1歳児よりも身長が低い子もいれば、3歳児の子よりも身長が高い子もいます。環境や栄養状態だけではなく、遺伝的な要因も発達にはとても深くかかわっているという理解も必要でしょう。また、乳幼児期の成長は、生涯の発達のなかでも著しいため、睡眠や休養を十分にとることはとても大切です。

　発育速度は器官によって異なります。図 3-5 は体組織の発育を4型（一般型・

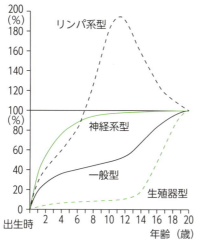

図 3-5 Scammon の発育型

出典：榊原洋一監、小林美由紀『これならわかる！子どもの保健演習ノート ——子育てパートナーが知っておきたいこと 改定第 3 版追補』診断と治療社、p.16、2019.

神経系型・生殖器型・リンパ系型）に分類し、20 歳（成熟時）の発育を 100 として、各年齢の値をその 100 分比で示しています。身長や体重は一般型に含まれており、乳幼児期に急速に発育し、その後ゆるやかになり、思春期に第二の成長期があります[3]。神経系型は、乳幼児期に急激に発達し、7～8 歳には 20 歳と比して約 9 割の神経系が発育しています。

2. 靴のサイズと足の発育

表 3-2、表 3-3 は、未就学児の裸足体験に関する質問紙調査を実施した際に、未就学児をもつ東京都の保護者 47 名に聞いた、子どもの年齢と子どもの靴のサイズをクロス表で示しています。年齢によって靴のサイズはばらつきがありますが、成長するにつれて右肩上がりの傾向が見られます。また、幼児用の靴は 1.0cm 単位で作られることも多いため、0.5cm 刻みのサイズを履いている子どもは少ない傾向にあります。

外歩き用の靴を履き始めた月齢については表 3-3 の通りです。生後 10 か月～12 か月の割合が 57.4%（27 名）と高く、13 か月～18 か月が 19.1%（9 名）、19 か月～24 か月が 14.9%（7 名）となっています[4]。足の成長に合った靴を履き、足の親指でしっかりと地面を蹴ることは、その後に多様な動きを身につける基礎となります。

表3-2 年齢と現在の靴のサイズ (cm) (N=47)

年齢	13.0	14.0	14.5	15.0	15.5	16.0	16.5	17.0	17.5	18.0	18.5	19.0
6歳児	0	0	0	0	0	0	0	0	0	2	1	2
5歳児	0	0	0	0	0	3	1	1	0	3	0	2
4歳児	0	0	1	0	0	0	2	2	1	3	0	1
3歳児	0	0	1	1	2	5	0	1	0	0	0	0
2歳児	0	1	0	0	0	1	0	0	0	0	0	0
1歳児	2	1	0	0	0	0	0	0	0	0	0	0
合計	2	2	2	1	1	9	3	4	1	8	1	5

年齢	20.0	非回答	合計
6歳児	2	0	7
5歳児	1	1	12
4歳児	0	0	10
3歳児	1	1	12
2歳児	0	1	3
1歳児	0	0	3
合計	4	3	47

出典：眞鍋隆祐・千葉佳裕「ベアフットトレーニングについての研究――未就学児の裸足体験と大学生における疾走速度、ストライド及びピッチに焦点づけて」『彰栄表現研究所研究紀要』第6号、p.33、2017.

表3-3 外歩き用の靴を履き始めた月齢について (N=47)

月齢	回答数	%	月齢	回答数	%	月齢	回答数	%
10か月	5	10.6	1歳2か月	3	6.4	1歳7か月	1	2.1
11か月	1	2.1	1歳3か月	1	2.1	1歳8か月	1	2.1
1歳	21	44.7	1歳4か月	3	6.4	1歳10か月	2	4.3
			1歳5か月	1	2.1	2歳	3	6.4
非回答	4	8.5	1歳6か月	1	2.1			

| 10か月～12か月 | 27 | 57.4% | 13か月～18か月 | 9 | 19.1% | 19か月～24か月 | 7 | 14.9% |

出典：眞鍋隆祐・千葉佳裕「ベアフットトレーニングについての研究――未就学児の裸足体験と大学生における疾走速度、ストライド及びピッチに焦点づけて」『彰栄表現研究所研究紀要』第6号、p.33、2017.

3. 視機能の発達

　視機能は眼球や脳の発達にともなって乳幼児期に急速に発達します。新生児の眼球の直径は成人の3分の2程度しかなく、構造的にもまだ完成されていません。子どもの視力は、生まれてすぐには目の前のものが動くのがわかる程度しかなく、生後1か月半頃から固視（中心で目標の像をとらえること）が可能となり、2か月頃から追視（追いかけて見ること）が可能となります。

図 3-6　目の断面図とものを見る仕組み

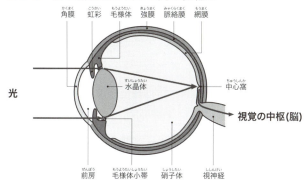

出典：日本小児眼科学会・日本弱視斜視学会・日本視能訓練士協会監、日本眼科医会「3歳児健診における視覚検査マニュアル——屈折検査の導入に向けて」p.5、2021.

図 3-7　成長に伴う視力の発達

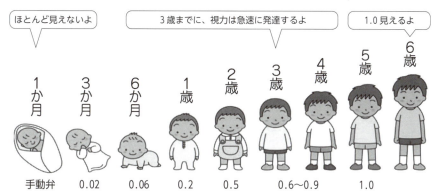

出典：日本小児眼科学会・日本弱視斜視学会・日本視能訓練士協会監、日本眼科医会「3歳児健診における視覚検査マニュアル——屈折検査の導入に向けて」p.6、2021. を一部改変

　測定方法の違いによってやや値が異なりますが、1歳で0.2、6歳までに1.0程度に到達します[5]。

第2節　乳幼児期の心身の発達を支える保育者の役割

　子どもたちに広く読まれている絵本の一つに、ヨシタケシンスケさんの『りんごかもしれない』（ブロンズ新社、2013年）があります。外から見たら、同じ赤いリンゴに見えるかもしれないけれど、ひょっとしたらこころがあるのかもしれない、きょうだいがいるのかもしれない、実は中にはメカがぎっしりかもしれ

ないというように、多様な視点からりんごの本質について考える主人公を描いた作品です。

　保育者の役割は、対象となる子どもの状況や人数、生活をする場の広さや大きさ、園の保育方針や理念、地域の特性などに応じて異なってくるため、とても多様です。事実、農業を生活の基盤としている地域の保育園で期待される保育者の役割と、閑静な住宅地にたたずむ幼稚園で期待される保育者の役割は異なります。とはいえ、ともに生活をするなかで、子どもの主体性を育てたいと願うことは、保育者として当然でしょう。

　一方で、子どもについての理解が深まれば深まるほど、子どもたちの育ちは一人ひとり異なり、多様であることにも気づかされます。子どもの自立を促しつつ「子どもたちにしてもらいたいこと」と、子どもの好奇心や意欲を大切に「子どもがしたいこと」とのバランスを考え、「子どものしたいこと」の比重を、生活のなかで可能な限り大きくしていくことが肝要です。

❶ 乳児期の心身の発達を支える保育者の役割

　筆者は年間を通して、さまざまな園を訪問するのですが、訪問した園のなかで最も子どもたちの心身の発達のことを考えた環境設定をされていると感じたのが、以下の園です。この園の事例をもとに、子どもや保護者との信頼関係を第一に考えた保育者の役割について考えてみましょう。

1. 見守り、支え、環境を整える

事例 3-1

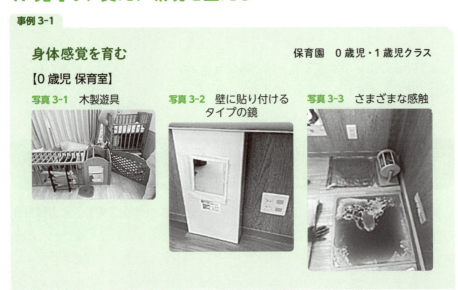

身体感覚を育む　　　　　　　　　　　　　保育園　0歳児・1歳児クラス
【0歳児 保育室】
写真 3-1　木製遊具　　写真 3-2　壁に貼り付けるタイプの鏡　　写真 3-3　さまざまな感触

写真3-4 【1歳児保育室】足裏の感触を刺激する環境

　保育室のなかで、0歳児クラスの子どもたちが、片手は木製遊具（写真3-1）、もう片方の手は保育者につかまって歩いたり、木製遊具の中に入ったりして、各々遊んでいます。壁や木製遊具にある鏡（写真3-2）をのぞきこんでいる子もいます。
　一方で、隣にある1歳児の部屋では、保育者がジョイントマット（写真3-4）を出すと、足裏の感触を刺激する玩具やモールの上を、子どもたちは喜んで、ゆっくりと、順番に、歩き進みます。

　事例3-1の4枚の写真は、この保育園の0歳児・1歳児の保育室です。足の感覚機能は、物を使って刺激をするほうが、子どもも興味をもちますし、子どもたちがおもしろがってふんづけます。最近は、子どもたちの前でゼラチンを水で溶いてフリーザーバッグに入れ、それを触らせたりして、さまざまな感触や刺激を与えてみようと試みています。
　神経系が最も発達・発育する乳幼児期に足の感覚機能を刺激することは、生涯にわたっての身体感覚を育むことにもつながります。自治体によっては、作業療法士や心理職の先生などが、保育園・幼稚園を巡回し支援する事業を行っています。

図3-8　安心感の輪

0歳から1歳にかけては心身の発達が急速に進む重要な時期です。安全面の配慮をしたうえで、日常的にさまざまな感覚刺激に触れることのできる環境を整えることは保育者の役割といえます。また、養育者との安定した愛着関係を通じて、基本的な信頼感を育むこともとても大切です。

2. ともに行う

事例 3-2

園のなかの階段を昇り降り　　　　　　　　　　保育園　1歳児クラス

　少し体幹の弱い子が何人かいます。あるとき、お昼前に、1対1で保育者がついて、階段の昇り降りを行いました。ほんの数分ですが、子ども自身が喜びます。そして、動きが変わってきます。日常の動きに対して、今まで「でれー」となっていたのが、積極的に動くようになったりします。身体がバランスよく動けると、本人がおもしろいのです。「おもしろい、楽しい、興味のあることにすぐ飛びつける」ということは、自分自身がもっている欲求に対して、自ら消化することができるということです。

　「おもしろそうだな」「やってみたいな」と感じる活動に、子どもの心は動きます。また、保育者が一緒に活動することは、子どもの意欲を刺激します。さて、事例のような子どもの発達を踏まえて、次の課題に取り組んでみましょう。

演習課題
❶ 0歳児の保育室に、なぜ鏡が置かれているのでしょうか？
❷「足育」について調べ、乳幼児期の足の変化について確認してみましょう。
❸ あなたが住んでいる自治体の教育センターや発達支援センターが、保育所・幼稚園・認定こども園等にどのような支援を行っているかについて調べてみましょう。

❷ 幼児期の心身の発達を支える保育者の役割

　幼児期の心身の発達を考えるときに、確認しておきたいことは、そのベースとなるのは乳児期に過ごした環境や、傍らにいた大人のかかわりが大きく影響しているということです。健康の視点から考えたときに、保育者の役割として、最もわかりやすく、大切なことは登園してきたときの視診です。普段と変わったことがないか、表情や機嫌、全身の状態（体温、けがはないか）など、担任の先生の

みならず、複数の目で行うことが大切です。

　また、幼児期は周りの大人や友達との会話から、新しい言葉を学び、語彙が増加します。この時期に獲得した言葉は、子どもの心や頭のなかでさまざまなことを考える基礎となり、物事に対する理解力を段々と深めていきます。

1. 共感し、気持ちを言葉で伝える

事例3-3

子どもの気持ちとセミの鳴き声　　　　保育所　2歳児

　夏のある日のこと、2歳児の男の子（カズキくん）が、母親の里帰り出産に1か月同行し、帰ってきて、すぐに夏風邪をひいてしまいました。何日かお休みをしたあと、病み上がりということもあり、ちょっとナーバスになっています。

　心も体もナーバスになっているとき、セミが「ミーンミーン」と鳴いているのを聞いて、カズキくんが「セミさん、泣いてる」と言うと、保育者は「何て言ってるんだろうね」と話していました。

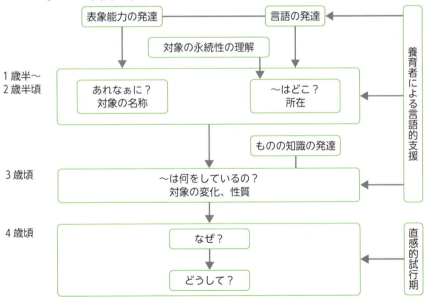

図3-9　子どもの質問・好奇心の発達的変化

出典：新井邦二郎『図でわかる発達心理学』福村出版、p.135、1997. を一部改変

　事例3-3のカズキくんと保育者の対話は、保育者の問いかけで終わっていますが、この日の帰り道、またセミの鳴き声を聞いて、カズキくんは「ママに会いた

い、会いたいって言ってたのかな」「それとも、お腹空いたって言っているのかな」と、カズキくんの探求は続いています。

子どもの質問・好奇心の発達的変化については図3-9が示すように、1歳半から2歳半頃の子どもは、「あれなぁに？」といった対象の名称を問う質問や、「〜はどこ？」といった対象の永続性の認識の成立が前提となる所在を問う質問をします。やがて、3歳頃になると「〜は何をしているの？」というような、対象の変化や性質といった、対象に関する知識を得るための問いへと変化します[6]。

保育者は、「目と目を合わせる」「気持ちを言葉で伝える」「心と体が触れ合う」ことを大切に心がけています。園では楽しいこともあるし、お友達もいるし、さみしいだけではないということも乗り越えたうえで、ママに会いたいと言っているのではないかと考えると、心の成長をとても感じられるエピソードです。

「目と目を合わせる」

「気持ちを言葉で伝える」

「心と体が触れ合う」

演習課題

❶ カズキくんにとって、保育者との対話は、どのような経験になったと思いますか？

❷ 弟や妹がいる人に、弟や妹が産まれる前後の気持ちについて、覚えているか聞いてみましょう。

❸ 乳幼児期の子どもたちが興味を示しやすい虫や生き物について調べ、話し合ってみましょう。

2. 子どもの小さな変化に気づき、配慮をする

事例 3-4

幼稚園での葛藤と心の成長　　　　　幼稚園　年少→年中→年長

ヒカリちゃんは、幼稚園での集団生活に一生懸命取り組んでいます。しかし、緊張からかトイレに行きたいという気持ちを表すことができず、我慢してしまうことがありました。緊張してがんばっているため、思いどおりに体が動きません。

園としては、保護者と本人が望む方向に受け入れることにしました。保育者がヒカリちゃんの話をよく聞き、しっかりと向き合うことで、年齢が上がるにつれて、不安を言葉にできるようになりました。ほかにもさまざまな特性があったので、ヒカリちゃんには多くの配慮が必要でした。

　まずは、「あなたと一緒にいられてうれしいよ」「あなたはあなたで素敵だよ」ということが相手に伝わらないと、成長を促すとか社会的な規範を教えるというところにたどり着くことは難しいです。焦らずにゆっくりとした時間を大切にすることは、とても大事なことです。また、園全体で悩みや困っていることを温かく受け入れる雰囲気をみんなでつくることも、とても大切な保育者の役割です。

3. あこがれのモデルとなる

　園のなかで長い時間を一緒に過ごす保育者は、安心した存在であるべきです。加えて、保育者は子どもたちのモデルにもなる存在です。年少さんは年中さんを、年中さんは年長さんを、特に年長さんは保育者を、とてもよく見ています。

　保育者は「昨日こんなにおいしいものを食べたよ！」という楽しい話をしたり、ときには悲しんでいる姿も子どもに見せたりします。保育者だって失敗もするし、困ったときは子どもに相談することもあります。そうした姿を見せることで、子どもたちは「困ったときは相談をしてもいいんだ」と感じるようになります。

演習課題

❶ あなたはどんなときに人間らしさを感じますか？　まわりの人と話し合ってみましょう。
❷ ニューロダイバーシティ（Neurodiversity）とは、どのような概念なのか調べてみましょう。

学習のまとめ

写真 3-5 ワールドカフェ形式のグループワーク

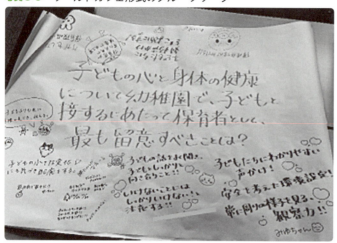

　大きな模造紙を使い「子どもの心と身体の健康について幼稚園で子どもと接するにあたって保育者として、最も留意すべきことは？」をテーマに、4人前後のグループに分かれ、ワールドカフェ形式のグループワークを行いましょう。さまざまな人と、対話を通して考えを共有しましょう。

引用文献

1) 厚生労働省雇用均等・児童家庭局「平成22年乳幼児身体発育調査報告書」pp.15-73、2011.
2) 岡田知雄『よくわかる子どもの肥満』永井書店、p.164、2008.
3) 榊原洋一監、小林美由紀『これならわかる！ 子どもの保健演習ノート──子育てパートナーが知っておきたいこと 改訂第3版追補』診断と治療社、pp.12-16、2019.
4) 眞鍋隆祐・千葉佳裕「ベアフットトレーニングについての研究──未就学児の裸足体験と大学生における疾走速度、ストライド及びピッチに焦点づけて」『彰栄表現研究所研究紀要』第6号、pp.30-41、2017.
5) 日本小児眼科学会・日本弱視斜視学会・日本視能訓練士協会監、日本眼科医会「3歳児健診における視覚検査マニュアル──屈折検査の導入に向けて」pp.5-6、2021.
6) 新井邦二郎『図でわかる発達心理学』福村出版、p.135、1997.

参考文献

・遠藤利彦『赤ちゃんの発達とアタッチメント──乳児保育で大切にしたいこと』ひとなる書房、2017.
・松本真理子「子どもの愛着と人間関係に関する一考察──非組織型の子どもの理解と対応をめぐって」梅光学院大学子ども学部『子ども未来学研究』第15巻、pp.23-32、2020.
・Scammon R.E.,'The measurement of body in childhood', *The Measurement of Man*, University of Minnesota Press, p.193, 1930.

第 **4** 章

子どもの運動能力と遊び

本章のねらい

「遊びは子どものごはん」と言われるように、子どもの発育・発達に欠かせないものです。本章では、乳幼児期の運動機能の発達から、子どもにとって、運動ではなく、運動遊びが大切であることを学びます。そして遊びが、子どもと保育者の信頼関係のなかで、安心・安全に取り組めるように、保育者のかかわり方、環境づくりについて学習をしていきましょう。

学習のポイント

- 乳幼児期の運動機能の発達を理解することで、乳幼児を取り巻く環境が、運動能力の発達を促すことを確認しましょう。
- 乳幼児期に運動遊びが大切であることを学び、運動遊びを促進する保育者のかかわりを考えてみましょう。
- 子どもにとって、遊びが、安心・安全に行えるために保育者の配慮について、学びましょう。また、子ども自身も遊びを通して、安全や危険に気づけるために、保育者のかかわり方を考えてみましょう。

> **学習の準備**
>
> 子どもにとって「遊び」は生活のすべて、と言っても過言ではありません。特に、就学前の子どもは、身体を動かすことが好きです。自分の興味・関心のあるものへ手を差し伸べ、心ゆくまで体を動かし、小さな挑戦を繰り返しています。遊びは、本来、誰かに指示や強制されてやるのではなく、その子ども自身からの発信で始まります。
>
> 皆さんの子ども時代は、どのような遊びをしていましたか？ 子どもの頃を思い出し、好きだった遊び、よくやっていた遊びを思い出してみましょう。その後に、グループごとに遊びを紹介し、以下の表に書き込んでみましょう。どんな遊びを好み、やっていたのか共有してみましょう。
>
> | | 室内遊び | 戸外遊び |
> |---|---|---|
> | 静かな遊び | | |
> | 動きのある遊び | | |

第1節　乳幼児期の運動の発達

❶ 運動機能の発達

　生後間もない乳児は自分の力で体を動かすことすらできません。それが、6か月もすれば寝返りをすることができるようになり、やがてハイハイをし、ひとり歩きができるようになります。98％の子どもが生後、1年3か月頃までに歩行を獲得するといわれています。歩行を獲得した子どもの運動機能の発達は著しく、1歳6か月頃には体重を移動して歩けるようになり、転ぶことが少なくなってきます。また、歩きながら体の向きを変えたり、高さのある箱を乗り越え、箱の中に入ることもできるようになります。安定した歩行ができるようになると、爪さきで歩く、階段の上り下り、走る、ウサギとびのように足をそろえてジャンプをするなど運動機能が複雑化していきます。

　3歳を過ぎると、片足立ちや高足跳びもできるようになり、4歳になるとほとんどの運動機能の分化が進み、未熟ではありますが基本的な身体の動きが確立されます。

5歳になると、身体の巧緻性は進み、早く走る、競って走るなど競争することにも関心が生まれます。リレーやドッジボールなどを楽しみ、身体をコントロールする力、二つの異なる動きが同時にできる協応機能、バランス感覚も育ってきます。

図 4-1　乳児の運動機能の発達

(Shirey, M.M., 1933)

表 4-1　全身運動の発達基準

年　齢	全身運動発達のめやす
8か月〜9か月頃	ハイハイをする（ずりばいから四つばい、高ばいへ）。 つたい歩きをする。
1　歳	一人歩きをする。 一人で走れる。 手を引くと階段を上る。 高さのある箱に片足をあげて入る。
2　歳	ボールを蹴る。 つぎあしで階段の上り下りをする。 両足をそろえてぴょんぴょん跳ぶ。 歩きながら体を方向転換する。

3 歳	足を交互に出し階段を上り下りする。 片足立ち（1秒程度）をする。 三輪車に乗る。 30cm位の高さから飛び降りる
4 歳	片足立ち（3～4秒）をする。 スキップをする。 ボールを上手で投げる。 階段を走って上り下りする。
5 歳	平均台を足を交互に出して歩く。 片足立ち（5～6秒）をする。 リレーやドッジボールを楽しむ。
6 歳	爪さき立ちかかと歩きをする。 石けり、まりつきをする。 縄跳びをする。

❷ 運動能力の発達

　先に述べたように、乳幼児期は基本的な運動機能が急速に発達する時期です。獲得した運動機能に支えられ、運動能力も培われていきます。運動能力とは、日常生活を送るうえで、必要な基本的な身体の動き、歩く、走る、跳ぶ、投げるなどを指します。

　運動能力の発達は、乳幼児の興味、関心に支えられて、徐々に獲得されます。例えば、ハイハイをし始めた乳児が、ボールを見つけました。乳児はボールをめがけてハイハイを始めます。この様子を見ていた保育者が、ボールを転がし、ハイハイが楽しくなるよう働きかけます。このように、乳幼児期は、興味・関心のある遊びを通して、運動能力を培っていきます。

第2節　運動遊びと保育者のかかわり

❶ 乳幼児期に大切な運動遊び

　私たち大人が、健康のために運動をするとき、どのような活動をするでしょうか？　手軽にできるジョギング、あるいは仲間とともにサッカーやバレーボール、テニスといったルールがあり、協力したり競いあうスポーツ、そして表現活動などのダンスやエクササイズ等、さまざまなものがあります。こうしたルール

がある運動、チームワークを楽しむ、あるいは正確な型・技術や表現の美しさを求めて切磋琢磨する「スポーツ」は、乳幼児期の子どもたちにとって必ずしもよいとはいえません。

　幼稚園教育要領第 2 章の「健康　1 ねらい」にある「(2) 自分の体を十分に動かし、進んで運動しようとする」や、同じく「2 内容」の「(2) いろいろな遊びの中で十分に体を動かす」「(4) 様々な活動に親しみ、楽しんで取り組む」からも、子ども自身が自ら興味・関心をもって、自由に体を動かせること、体を動かすことが楽しいと感じられる活動が求められます。つまり、「運動」ではなく、「運動遊び」がよいといわれています。持久力を養うためのマラソンよりは、鬼ごっこや森の探検、虫とりなど、走ることそのものが目的ではなく、遊びの要素のなかに「走る」の動作があるといった活動です。鬼ごっこや虫とりなどは、鬼や虫がどのような動きをするか予測不能です。その場の状況で動きを変える、速度を上げたり、ストップして方向を変える、そーっと近づいて素早く虫とり網を振る等、多様な動きを経験する機会ともなります。子どもたちの自由な発想で遊びが展開し、知らぬ間に長い時間動き、夢中になって体を動かすなど、子どもの発達段階に応じた遊びのなかで、運動遊びが広がっていきます。

事例 4-1

> 　3 歳児さくら組の子どもたちは、走ることが大好きです。ある日、マサトくんが、A 先生の肩をトントンし、「おおかみさん、いまなんじ？」と言いました。先週読んだ絵本のお話を思い出したようで、「今、3 時」と言うと、マサトくんは「あ〜よかった」とうれしそうです。
> 　すると、ほかの子たちも先生をトントン、「おおかみさん、いまなんじ？」と、遊びが広がりました。何人かが肩をトントンし、A 先生は「夜中の……12 時だぞ〜」と言うと子どもたちがキャッキャ言いながら、一斉に走り出しました。A 先生は「子ぶた、待て待て〜」と、追いかけっこが始まりました。しばらくすると、A 先生は「あーおなかがすいた、子ぶたもつかまらないし寝ちゃおう」と居眠りを始めました。
> 　そーっと近寄ってくる子どもたち。次は誰が、おおかみさんをトントンするのかな？　さくら組では今、この遊びが大はやりです。

❷ 子どもが安心して運動遊びに取り組める環境

　幼稚園教育要領第 2 章の、「2 内容」の「(1) 先生や友達とふれあい、安定感をもって行動する」にあるように、子どもたちが新たな運動遊びに取り組む環境

第 4 章　子どもの運動能力と遊び

は、子どもにとって安心できる場が必要です。子どもの「やってみたい」を尊重して、その活動を見守り、行動した子どもの気持ちを受けとめてくれる先生は、子どもにとって大切な存在です。「ここで見ているよ」「頑張れ！」など、子どもの気持ちに寄り添い、言葉をかけることで、子どものやりたい気持ちが膨らみます。また失敗しても「こうしたかったんだね」「悔しいね」など、その気持ちや行動を認める言葉は、また挑戦しようとする意欲にもつながります。このような身近にいる保育者の言動は、クラスのほかの子どもたちへも伝わります。子どもたちは、「こうやってみる？」「もっと面白くするには…」など、遊びを通じて、子ども同士のかかわりが深まり、遊びの場が更に自己表現ができる、安心した楽しい場となります。

演習課題

　「島おに、やろう！」いつもの年長さんの声に、子どもたちが自由に集います。年長さんが進んで島を地面に書き、そのなかに入る年少さんたち。「小さい子たちは島にずっといてもいいからね」と言って遊びが始まりました。元気な年長ジュンくんは、動きの速い子どもたちを追いかけ、楽しみます。「こっちにおいで！」とはやし立てる年中ショウタくんもいます。さっきから楽しそうに遊びを見つめる年少ヒトシくん。捕まるのが怖いのか、島にずっと入る年少さんたち。保育者が「一緒に逃げてみようか？」と言うと、年少の2人は保育者の手を取って逃げ始めました。一人、島に残った年少ヒトシくん。そこへ年長ヨシキくんがやってきて「おいで、一緒に逃げよう！」とヒトシくんを誘います。ヒトシくんはうれしかったのか、ヨシキくんの差し出した手を取り、島から脱出しました。「ぼくはここでがんばる！」と年少タクミくんは、島の中で楽しそうに、みんなの動きを見ています。

＜考えてみよう＞

❶ 島おにをする子どもたちの光景が目に浮かびます。遊びを通して、子どもたちはどのような経験をしていると思いますか？　子どもの気持ちも想像しながら書いてみましょう。

❷ こうした遊びを見守る保育者として、どのようなかかわりができるでしょうか？

第3節　遊びと安全への配慮

❶ 遊びを通して、挑戦し、物事をやり遂げる力を養う

　子どもの遊びには、時に危険と感じる場面があります。高さがある所から飛ぶ、高い所へよじ登るなど、けがや事故につながるもの、ちょっとした「怖さ」「恐怖」も時として遊びの要素となります。
　子どもの遊びに潜む危険を「リスク」と「ハザード」に分けてとらえてみましょう。

> 　「リスク」は、遊びの楽しみの要素で冒険や挑戦の対象となり、子どもの発達にとって必要な危険性は遊びの価値のひとつです。子どもは、小さなリスクへの対応を学ぶことで危険を予測し、事故を回避できるようになります。また子どもが危険を予測し、どのように対処すればよいか判断可能な危険性もリスクで、子どもが危険を分かって行うことはリスクへの挑戦となります。
> 　逆に「ハザード」は、遊びが持つ冒険や挑戦といった遊びの価値とは関係のないところで事故を発生させるおそれのある危険性で、子どもが事故を予測できず、どのような対処をすればよいか、判断不可能な危険性もハザードであり、子どもが危険を分からず行うことは、リスクへの挑戦とはなりません。

出典：国土交通省「1．子どもの遊びにおける危険性と事故」(https://www.mlit.go.jp/kisha/kisha02/04/040311/040311_07.pdf)

　このように、冒険や挑戦は、子どもの年齢、個々の運動機能の発達段階や、遊び環境など、さまざまな要因により、同じ遊びでも「リスク」になったり、「ハザード」になったりします。例えば、ジャングルジムで初めて遊ぶ2歳児と、5歳児が遊ぶ場面では、明らかに保育者の対応は変わります。
　しかし、この遊びのなかで「危ないから禁止」「怖くて見ていられないからさせない」では、本来、子どもが遊びのなかで挑戦する機会や意欲を奪うことにもなります。小さなけがをすることで、子ども自身も危険を知り、安全に注意しながら、さらに挑戦を重ね、やり遂げる力を養う機会も大切です。けがをすることがよいわけではありませんが、子どもの挑戦する気持ちを大切に、そして、保育者はハザードではなく、リスクのある遊びとなるような環境設定が求められます。また、保育者自身も日頃から、遊び環境に対する注意と、保育者自身の安全を見極めるための研修が求められます。

事例 4-2

> 　　5歳児クラスの保育士Aさん。滑り台の逆走は、園のルールで禁止されていました。しかし、子どもの頃、自分は滑り台の逆走をやり、楽しんだ記憶がありました。また最近、逆走する動きは、子どもの運動発達に役立つという話を聞き、子どもたちと滑り台の逆走ができないか、考えてみました。そこで、園内の先生方と相談し、以下のようなルールを決めて、クラスの子どもたちに話しました。
> 　「滑り台の逆走は、A先生が一緒に遊んでいるときはよいけれど、A先生がいないとき、ほかのクラス、特に年下の子どもたちが一緒に滑り台をしているときはしないこと。この約束が守れたら、滑り台の逆走をする遊びをしたいと思うけれど、どうですか？」
> 　こうして、子どもたちと話し合い、A先生は時々ですが、滑り台の逆走を子どもたちと楽しみました。その後も子どもとともに滑り台の逆走を行いましたが、一度もけがや事故は起こらなかったそうです。

　この事例は、固定遊具「滑り台」の本来の使い方とは異なる利用のため、遊び方としてよいとはいえません。しかし、このなかには、①子どもと保育者との信頼関係が成立している、②5歳児なので、言葉の理解、遊び方の危険性を理解できる発達段階である、③クラスの運営管理ができていて、子どもたち自身でルールを守り、実行できる環境にある、などの条件がそろっていたことが事故につながらなかったといえます。

　A保育士の一人の思いだけで実施するのではなく、保育者同士の話し合いを通して、園全体でも、子どもを見守る体制ができていたことも安全につながる要素です。

❷ 子どもとともに、安全に気づける保育者のかかわり

　それでは、保育者だけが安全について理解をしていればよいのでしょうか？幼稚園教育要領等、2内容「(10) 危険な場所、危険な遊び方、災害時などの行動の仕方が分かり、安全に気をつけて行動する」とあるように、子ども自身が、安全や危険について知って、行動できるようになるために、保育者は、子どもたちへの働きかけが必要です。何が危険か、どのような行動が安全を脅かすのか、遊びのなかで導いていくことが求められます。日常的に子どもたちと接している保育者だからこそ、子どもの個々の特性や、行動を理解し、ともに遊びながら、その危険性について、誘導していくかかわりがもてます。

> 演習課題

　よく利用する、近くの公園に来ました。なだらかな坂の芝生の広場で、5歳児の子どもたちが遊びます。遊具はありませんが、広い場所、緩やかな傾斜のある芝生のため、走ったり、転げ回ったりするのが、みんな大好きです。
　そのとき、
❶ 事前に保育者は、どのような点に留意しますか？
❷ 子どもたちが遊び始める前に、保育者は、どんな言葉かけができますか？
安心、安全に遊べるために、子どもとの応答を通して、子どもたち自身が危険に気づけるような伝え方を具体的に考えてみましょう。

> 学習のまとめ

1．就学前の子どもにとって「運動遊び」は、どのような意義があるか、文章にまとめてみましょう。
2．保育者として「運動遊び」の指導をするとき、「発達段階」や「安全に対する事項」について、留意する点を箇条書きにしてみましょう。

参考文献

- 河邉貴子、吉田伊津美編著『演習 保育内容「健康」――基礎的事項の理解と指導法』建帛社、2019．
- 中根淳子、佐藤直子編著、北川好郎、濱口典子『子どもの保健』ななみ書房、2019．
- 小林美由紀編著、森脇浩一編集協力『授業で現場で役に立つ！ 子どもの保健テキスト 改訂第3版』診断と治療社、2024．
- 關章信、兵頭惠子、髙橋かほる監、(公財)幼少年教育研究所編著『保育の事例で読みとく　3・4・5歳児の発達』チャイルド本社、2024．

第 5 章

食への関心と生活習慣

本章のねらい

本章では、食への関心を育み、発達段階に応じて豊かな食の体験を積み重ねながら生涯にわたって健康でいきいきとした生活を送るために、食を営む力の基礎を培う「食育」の考え方、「食」を通した子どもの健康増進について考えていきます。

学習のポイント

- 乳幼児期に身につけたい「食育」について、理解しましょう。
- 保育者として、食育活動を推進するための視座を高めてみましょう。
- 個々のニーズに応じた食育推進活動を考えてみましょう。

> **学習の準備**
>
> 食育基本法において食育とは、「子どもたちが豊かな人間性をはぐくみ、生きる力を身に付けていくためには、何よりも「食」が重要である。（中略）子どもたちに対する食育は、心身の成長及び人格の形成に大きな影響を及ぼし、生涯にわたって健全な心と身体を培い豊かな人間性をはぐくんでいく基礎となるものである」[1)] と位置づけられています。この法律により、乳幼児期から食育を推進することがいかに重要なのかがわかります。

第1節　授乳から食生活の自立

　乳幼児期から、正しい食事のとり方や望ましい食習慣の形成および食を通じた人間性の形成・家族関係づくりによる心身の健全育成を図るため、発達段階に応じた食に関する取り組みを進めることが必要です。

❶ 現代の「食」をめぐる問題

　「食を通じた子どもの健全育成（―いわゆる「食育」の視点から―）のあり方に関する検討会」報告書によれば、子どもの変化として、栄養素摂取の偏り、朝食の欠食、小児期における肥満の増加、思春期におけるやせの増加が報告されています。また、親、親子のかかわり、家庭の変化として、食事づくりに関する必要な知識や技術の不足、育児の負担感の増大、おやつの与え方について"時間を決めて"が激減、家族そろって夕食をとる頻度の減少などが報告されています。子どもを取り巻く食環境の変化は、多様化、深刻化し、生涯にわたる健康への影響が懸念されています。

表5-1　現代の「食」をめぐる問題

子どもの変化	親、親子のかかわり、家庭の変化
・栄養素摂取の偏り ・朝食の欠食 ・小児期における肥満の増加 ・思春期におけるやせの増加	・食事づくりに関する必要な知識や技術の不足 ・育児の負担感の増大 ・おやつの与え方について"時間を決めて"が激減 ・家族揃って夕食をとる頻度の減少

出典：厚生労働省雇用均等・児童家庭局「楽しく食べる子どもに〜食からはじまる健やかガイド〜『食を通じた子どもの健全育成（―いわゆる「食育」の視点から―）のあり方に関する検討会』報告書」pp.1-6、2004. を一部改変

食を通じて、親子や家族とのかかわり、仲間や地域とのかかわりを深め、子どもの健やかな心と身体の発達を促すことをねらいとし、家庭や社会のなかで、子ども一人ひとりの「食べる力」を豊かに育むための支援づくりを進める必要があります。

❷ 発達に応じた食育

子ども一人ひとりの「食べる力」を豊かに育むために、『食を通じた子どもの健全育成目標』として、発育・発達過程に応じて育てたい「食べる力」（図 5-1）を目安にしながら、「楽しく食べる子ども」に成長していくために次の五つの子どもの姿[2]を目指します。

・食事のリズムがもてる子どもになる
・食事を味わって食べる子どもになる
・一緒に食べたい人がいる子どもになる
・食事づくりや準備にかかわる子どもになる
・食生活や健康に主体的にかかわる子どもになる

❸ 幼稚園教育要領における食育

幼稚園教育要領の領域「健康」において、「先生や友達と食べることを楽しみ、食べ物への興味や関心をもつ」ことがねらいを達成するために指導する内容とされています。幼児の発達を踏まえた指導を行うに当たって留意すべき事項として、「健康な心と体を育てるためには食育を通じた望ましい食習慣の形成が大切であることを踏まえ、幼児の食生活の実情に配慮し、和やかな雰囲気の中で教師や他の幼児と食べる喜びや楽しさを味わったり、様々な食べ物への興味や関心をもったりするなどし、食の大切さに気付き、進んで食べようとする気持ちが育つようにすること」[3]とされています。幼稚園における食育は、まず幼児自身が教師やほかの幼児と食べる喜びを味わい、さまざまな体験を通じて食べ物への興味や関心を育むことが大切です。

図 5-1 発育・発達過程に応じて育てたい「食べる力」について

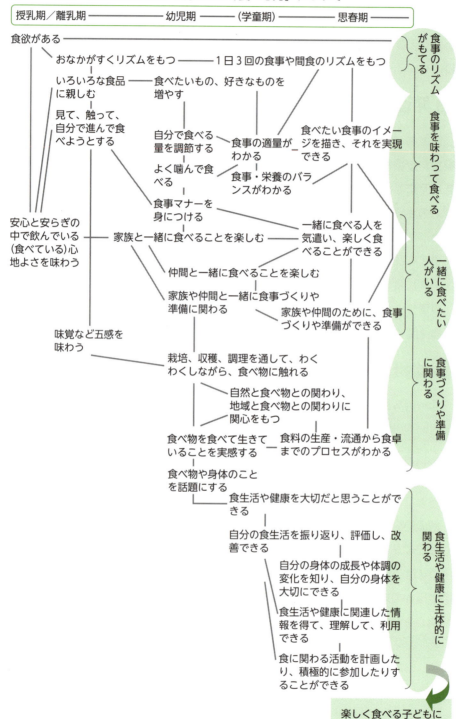

出典：厚生労働省雇用均等・児童家庭局「楽しく食べる子どもに〜食からはじまる健やかガイド〜『食を通じた子どもの健全育成（―いわゆる「食育」の視点から―）のあり方に関する検討会』報告書」p.13、2004. を一部改変

❹ 保育所保育指針における食育

保育所保育指針（表5-2）では、健康な生活の基本としての「食を営む力」の育成に向け、その基礎を培うことを目標としています。子どもが毎日の生活と遊びのなかで、食にかかわる体験を積み重ね、食べることを楽しみ、食事を楽しみあう子どもに成長していくこと等に留意して実施することが大切です。また、家庭と連携・協力して食育を進めていくことが必要ですが、食に関する不安や心配を抱える保護者は少なくありません。そのため保育所では、今まで蓄積してきた乳幼児期の子どもの「食」に関する知識、経験、技術を「子育て支援」の一環として提供し、保護者と子どもの育ちを共有し、健やかな食文化の担い手を育んでいくこと[4]が求められます。

具体的な食を通した活動として、以下の活動[5]が展開されています。

- 食を通した保育所機能の開放（調理施設活用による食に関する講習などの実施や情報の提供、体験保育等）
- 食に関する相談や援助の実施
- 食を通した子育て家庭の交流の場の提供および交流の促進
- 地域の子どもの食育活動に関する情報の提供
- 食を通した地域の人材の積極的な活用による地域の子育て力を高める取り組み

❺ 幼保連携型認定こども園教育・保育要領における食育

幼保連携型認定こども園教育・保育要領（表5-3）では、各園において食育計画を策定し、教育・保育活動の一環として計画的に食育を行うこととしています。認定こども園は教育と保育を一体的に行う施設であることから、食育の推進に当たっては、保育所と幼稚園双方の取り組みを踏まえることとしています。子育て支援活動の一環として、認定こども園の栄養教諭や調理員等がその専門性を活かして、地域や家庭における食育に関する支援を行っている園もあります。

表 5-2　保育所保育指針における食育

第 3 章　健康及び安全
2　食育の推進
(1) 保育所の特性を生かした食育
　ア　保育所における食育は、健康な生活の基本としての「食を営む力」の育成に向け、その基礎を培うことを目標とすること。
　イ　子どもが生活と遊びの中で、意欲をもって食に関わる体験を積み重ね、食べることを楽しみ、食事を楽しみ合う子どもに成長していくことを期待するものであること。
　ウ　乳幼児期にふさわしい食生活が展開され、適切な援助が行われるよう、食事の提供を含む食育計画を全体的な計画に基づいて作成し、その評価及び改善に努めること。栄養士が配置されている場合は、専門性を生かした対応を図ること。
(2) 食育の環境の整備等
　ア　子どもが自らの感覚や体験を通して、自然の恵みとしての食材や食の循環・環境への意識、調理する人への感謝の気持ちが育つように、子どもと調理員等との関わりや、調理室など食に関わる保育環境に配慮すること。
　イ　保護者や地域の多様な関係者との連携及び協働の下で、食に関する取組が進められること。また、市町村の支援の下に、地域の関係機関等との日常的な連携を図り、必要な協力が得られるよう努めること。
　ウ　体調不良、食物アレルギー、障害のある子どもなど、一人一人の子どもの心身の状態等に応じ、嘱託医、かかりつけ医等の指示や協力の下に適切に対応すること。栄養士が配置されている場合は、専門性を生かした対応を図ること。

表 5-3　幼保連携型認定こども園教育・保育要領における食育

第 3 章　健康及び安全
　第 2　食育の推進
　　1　幼保連携型認定こども園における食育は、健康な生活の基本としての食を営む力の育成に向け、その基礎を培うことを目標とすること。
　　2　園児が生活と遊びの中で、意欲をもって食に関わる体験を積み重ね、食べることを楽しみ、食事を楽しみ合う園児に成長していくことを期待するものであること。
　　3　乳幼児期にふさわしい食生活が展開され、適切な援助が行われるよう、教育及び保育の内容並びに子育ての支援等に関する全体的な計画に基づき、食事の提供を含む食育の計画を作成し、指導計画に位置付けるとともに、その評価及び改善に努めること。
　　4　園児が自らの感覚や体験を通して、自然の恵みとしての食材や食の循環・環境への意識、調理する人への感謝の気持ちが育つように、園児と調理員等との関わりや、調理室など食に関する環境に配慮すること。
　　5　保護者や地域の多様な関係者との連携及び協働の下で、食に関する取組が進められること。また、市町村の支援の下に、地域の関係機関等との日常的な連携を図り、必要な協力が得られるよう努めること。
　　6　体調不良、食物アレルギー、障害のある園児など、園児一人一人の心身の状態等に応じ、学校医、かかりつけ医等の指示や協力の下に適切に対応すること。

❻ 個別的配慮が必要な子どもへの食の対応

　食物アレルギーをもつ子どもへの対応にあたっては、「保育所におけるアレルギー対応ガイドライン（厚生労働省、2019年改訂版）」「学校給食における食物アレルギー対応指針（文部科学省、平成27年3月）」「学校のアレルギー疾患に対する取り組みガイドライン（令和元年度改訂）」などに基づいて対応します。食育活動を実施する際は、「生活管理指導表」を活用し組織的に対応することが重要です。

　また、障害をもつ子どものなかには、「フライの衣が棘のように痛い」「しいたけやナス、おひたしの食感が気持ち悪い」などの口腔内過敏、「物を噛む音が苦手」などの聴覚過敏、「特定の匂いのものが食べられない」などの嗅覚過敏といった、感覚過敏の子どもがいます。さらに、「初めて見る食材・料理は食べられない」「赤い食べ物は気持ち悪い」など、想像の特異性から偏食になる子どももいます。状況を理解せず食べるよう無理強いすると食事自体が嫌になることもあるので、慌てず、興味がわいたら少しずつ食べられるものを増やすような取り組みが必要です。

❼ 関係機関との食育推進のための連携

　子どもの食育を推進するためには、保育者間はもとより、栄養士、調理員、地域の人々、行政、民間団体等との連携が必要です。第4次食育推進基本計画（図5-2）では、基本的な方針として三つの重点事項を掲げ、国民の健全な食生活の実現と、環境や食文化を意識した持続可能な社会の実現のために、SDGsの考え方を踏まえながら、多様な関係者が相互の理解を深め、連携・協働し、国民運動として食育を行っています。

図 5-2　第4次食育推進基本計画―食育の環と3つの重点事項―

出典：農林水産省「第4次食育推進基本計画―食育の環と3つの重点事項―」（https://www.maff.go.jp/j/syokuiku/plan/4_plan/attach/pdf/index-6.pdf　閲覧日：2024.10.8）

第2節　食への関心を育てるために

事例 5-1

　3歳児が初めてサツマイモの苗を5月に植え付け、収穫の時期を迎えました。育ったサツマイモを見て大喜びの子どもたちは、軍手をはめ、たくさん掘るぞとやる気満々。農園の方に掘る方法を教えてもらい、早速サツマイモ掘りを開始しました。大きく育ったサツマイモはなかなか抜けず大苦戦。「先生〜、抜けなーい！」「重いよ〜」「おしり（尻もち）ついちゃったー！」といった声に混じって、「先生、虫がいる！！」「きゃー！」との叫び声。農園の方が虫を見て「これは、コガネムシの幼虫だよ」と教えてくれました。収穫を終え、みんなそれぞれサツマイモをビニール袋に入れて幼稚園に戻ると、出迎えてくれた園長先生に、「これ、ママにあげるの」「すごくおいしいよ」などとサツマイモを見せながら嬉しそうに報告していました。

> **演習課題 1**
> ❶ 事例のなかで、子どもたちが体験したことを あげてみましょう。
> ❷ サツマイモの苗の植え付けと収穫を子どもに 体験させるねらいは何か、保育者の視点から 考えてみましょう。

写真 5-1　サツマイモ掘ったよ

> **事例 5-2**
>
> 　4歳のＳちゃんは、野菜が苦手で、給食に出る野菜はほとんど残してしまいます。そんなＳちゃんに先生は、野菜の絵本を持ってきて「一緒に見よう！」と誘いました。すごいパワーをもっている野菜たちが子どもの体のなかで大活躍する姿を見たＳちゃんは、真剣なまなざしで最後まで絵本に見入っていました。その様子を見た先生は、Ｓちゃんに、「みんなでお野菜のクッキングをしようと思うの。Ｓちゃんもお手伝いしてくれる？」と誘ったところ、Ｓちゃんは絵本を見つめて無言でうなずきました。クッキング当日、Ｓちゃんは友達と一緒にピザづくりに挑戦。野菜をカットし、たくさんの野菜をピザ生地にのせました。出来上がると、周りの友達から「おいしい！」という声があがり、ピザにのった野菜をお箸で食べるＳちゃんの姿がありました。

写真 5-2　野菜を切る

写真 5-3　野菜をのせる

写真 5-4　野菜を食べる

第5章　食への関心と生活習慣

演習課題 2 事例を読んで、❶〜❸について考えましょう。
❶ 保育者がＳちゃんに絵本を読み聞かせた意図について考えましょう。
❷ 保育者が絵本を読んだ後に、クッキングを計画した意図について考えてみましょう。
❸ Ｓちゃんが野菜の絵本を見入っていた様子、絵本を見つめうなずいた様子、クッキングの様子、野菜を食べる様子から、Ｓちゃんの気持ちの変化について考えてみましょう。

演習課題 3 食育ビンゴにチャレンジしよう！[6]
準備
❶ 事前に出題用紙と食育ビンゴ用紙5種類をダウンロードし、印刷する（図5-3）。
❷ 食育ビンゴ用紙5種類を参加者人数分用意する（例：参加者30人であれば、1種類につき6枚ずつ準備する）。
❸ 食育ビンゴ用紙をランダムにシャッフルし、参加者に配る。
　※読み上げの際、パソコンなどのディスプレイに映して実施する方法もあります（画面シャッフル）。
1）参加者は読み上げられた問題が実践できていたら、ピクトグラムに〇印をつける（食育の実践度を確認する意味で、途中でビンゴになっても最後まで続ける）。
2）タテ・ヨコ・ナナメのいずれか一列がそろったら「ビンゴ」と宣言してもらう。
3）ビンゴになった参加者には、〇がついた取り組みについて、どんな取り組みをしているのか、紹介してもらう（ただし、紹介するかしないかは参加者の任意）。
4）〇がついているものは今後も継続を促す。〇がつかなかった場合は取り組みを進める。用紙になかった取り組みについても実践するよう呼びかける。

図 5-3 食育ビンゴ用紙

第3節 食に対する課題とかかわり方

　事例 5-1 では、サツマイモの苗の植え付けや収穫の体験を通して、サツマイモがどのように育ち、収穫され、食卓へ上るのか、野菜の成長と食べるまでの過程を学びます。さらにこの体験から、ほかの野菜や土の中にいた虫の存在にも目を向ける機会となり、農業への理解を深めるとともに、生き物を育てる大切さを学びます。保育者はこれらの体験のなかで子どもが感じたことや気づきを大切にしながら、食べることに関心をもたせ、次の食育活動につながるような意識づくりに努めます。

　事例 5-2 は、野菜嫌いの子どもへの保育者の取り組みの事例です。野菜がもつ栄養素や、体をつくる源となっていることを野菜の絵本を通して子どもに伝え、野菜を食べる大切さを学ばせることで、食生活や健康に主体的にかかわる子どもを目指します。また実際にクッキング活動を通して食事づくりや準備にかかわることで、さらに野菜に興味・関心をもち、出来上がった料理をお友達と一緒に食べることが楽しくおいしそうだと感じたことから、苦手な野菜を自ら食べようとする行為につながっています。こういった体験やプロセスが「楽しく食べる子ども」になるために不可欠なのです。

　演習課題 3 は、農林水産省が食育ピクトグラムを普及・活用してもらうために作成した「食育ビンゴ」です。ビンゴを楽しみながら日常生活を振り返り、食育への意識を高めることができます。この「食育ビンゴ」は世代を問わず楽しめるので、子どもをはじめ保護者や地域の方々への食育推進活動のツールとして活用することができます。

学習のまとめ

1. 「楽しく食べる子ども」に成長していくための、5つの子どもの姿を理解しましょう。
2. 一人で食事をする「孤食」、家族がそれぞれ別々のものを食べる「個食」が、子どもにどのような影響を及ぼす可能性があるか考えてみましょう。

引用文献

1) 食育基本法（平成17年6月17日法律第63号）
2) 厚生労働省雇用均等・児童家庭局「楽しく食べる子どもに〜食からはじまる健やかガイド〜『食を通じた子どもの健全育成（―いわゆる「食育」の視点から―）のあり方に関する検討会』報告書」p.8、2004.（https://www.mhlw.go.jp/shingi/2004/02/dl/s0219-4a.pdf　閲覧日：2024.10.2）
3) 『幼稚園教育要領／保育所保育指針／幼保連携型認定こども園教育・保育要領〈原本〉（平成29年告示）』チャイルド本社、p.52、2017.
4) 農林水産省「保育所における食育の推進」（https://www.maff.go.jp/j/syokuiku/wpaper/h29/h29_h/book/part2/chap2/b2_c2_4_01.html　閲覧日：2024.10.4）
5) 前掲4)
6) 農林水産省「食育ビンゴ（食育ピクトグラム版）」（https://www.maff.go.jp/j/syokuiku/network/pg/bingo.html　閲覧日：2024.10.10）

参考文献

- 厚生労働省「保育所におけるアレルギー対応ガイドライン 2019年改訂版」（https://sukoyaka21.cfa.go.jp/media/tools/s4_nyu_gail029.pdf　閲覧日：2024.10.10）
- 文部科学省「学校給食における食物アレルギー対応指針」2015.（https://www.mext.go.jp/component/a_menu/education/detail/__icsFiles/afieldfile/2015/03/26/1355518_1.pdf　閲覧日：2024.10.10）
- 文部科学省初等中等教育局健康教育・食育課監『学校のアレルギー疾患に対する取り組みガイドライン 令和元年度改訂』公益財団法人 日本学校保健会©、2020.
- 菊間章紘、髙橋智『あっくんはたべられない――食の困難と感覚過敏』世音社、2023.
- 田部絢子、高橋智「感覚過敏等の感覚特性を有する子どもの食の困難と発達支援」『こころの科学』第235号、pp.27-31、2024.
- 『幼稚園教育要領／保育所保育指針／幼保連携型認定こども園教育・保育要領〈原本〉（平成29年告示）』チャイルド本社、2017.
- 農林水産省「第4次食育推進基本計画―食育の環と3つの重点事項―」（https://www.maff.go.jp/j/syokuiku/plan/4_plan/attach/pdf/index-6.pdf　閲覧日：2024.10.8）
- 農林水産省「食育ピクトグラム及び食育マークのご案内」（https://www.maff.go.jp/j/syokuiku/pictgram/index.html　閲覧日：2024.10.10）
- 厚生労働省雇用均等・児童家庭局「楽しく食べる子どもに〜食からはじまる健やかガイド〜『食を通じた子どもの健全育成（―いわゆる「食育」の視点から―）のあり方に関する検討会』報告書」2004.（https://www.mhlw.go.jp/shingi/2004/02/dl/s0219-4a.pdf　閲覧日：2024.10.2）

第 6 章

排泄習慣の自立

本章のねらい

本章は、人間において食べる・寝る以上に大事な、乳幼児・学童期の排泄の成長発達に焦点を当てます。子どもが「おしっこ」「うんち」などの排泄の自立に向けて徐々に成長していくプロセスのなかで、自分の身体に向き合って主体的に取り組めることと、そのための保育者のかかわりについて取り上げています。

学習のポイント

- 大人に排泄の後始末をきれいにしてもらい、「快」「不快」感が育つようにし、子どもが「おしっこ」「うんち」のときに、自分の身体の変化に気づくことを大事にしましょう。
- トイレトレーニングを通して、「漏れる」「漏らす」経験をするなかで、自ら大人に伝えようとする姿を励まし、できたときには大いに喜び、できた自分が好きになれるよう働きかけましょう。
- 月齢や年齢の発達を踏まえつつ、一人ひとりのペースに合わせて子どもが自分の身体の働きに向き合って取り組めるようにしましょう。

> **学習の準備**
>
> 子どもの排泄は大人以上に健康に欠かせない身体の働きです。まず、自分の身体の働きを知ることから子どもの排泄習慣について考えましょう。どの程度の排尿・排便が行われているのか。排泄がうまくいかないときの身体の状態と困ったこと等を1週間程観察し、記録をしてみましょう。

第1節　排泄習慣の自立

❶ 子どもの排泄と健康の関係について

　健康であることは子どもであれ大人であれ、生きるすべての活動を支える基本になります。そのなかでも食べる、寝る、排泄するなどの基本的な生活習慣は、健康に生きるために欠かせません。その一つでもリズムが崩れると、体調不良になり、生活や遊び全般にも影響を及ぼします。特に、排泄は飲食したものを上手に排出することで体全体を活性化し、代謝を促進する重要な身体の働きです。本章では、乳幼児期・学童期における排泄と大人のかかわりについて考えていきます。

　排泄とは、「生物が物質代謝の結果生じる不要または有害な生成物を対外に出す作用[1]」であり、排尿と排便があります。それぞれの身体の仕組みと働きについて取り上げていきます。

　子どもが自分の意思で排尿をコントロールできるのは、脳の高次機能を司る領域が排尿中枢の働きを調整していることを意味します。要するに、脳と脊髄にある神経細胞が複雑に連携して可能になることが排尿であり、子どもの認識の成長が伴って可能になります。膀胱に尿が溜まることを察し、膀胱の筋肉を収縮させ、尿を排出します。

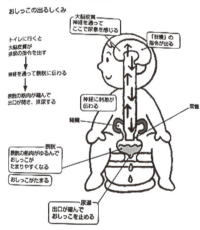

図6-1　排尿の仕組み

出典：今井和子『0・1・2歳児の世界　保育のいとなみ2　心地よい生活と養護』トロル、p.31、2018.

このような排尿の役割は血液からの老廃物を腎臓でろ過することと、血圧や必要成分の量を調整する働きがあります。単純に人体から水を排出する次元を超えた健康を保つうえで重要な役割を果たしているといえます。

　一方、排便の仕組みでは、人が食べた水分のほとんどが小腸で吸収され、残りの水分と消化されなかった食物繊維が大腸へ送られます。その際、大腸で吸収されなかった水分と消化されなかったものが固形状になって直腸に入り、便として排出されます。

　年齢別に排泄の頻度や量などの目安があっても、子ども一人ひとりの生活リズムや身体の状態によって排泄習慣は異なります。そのため、保育者が排泄の仕組みを理解したうえで、それぞれの子どもの生活リズムに合わせて、自立に向けたかかわりを考慮することが大事です。

図 6-2　排便の仕組み

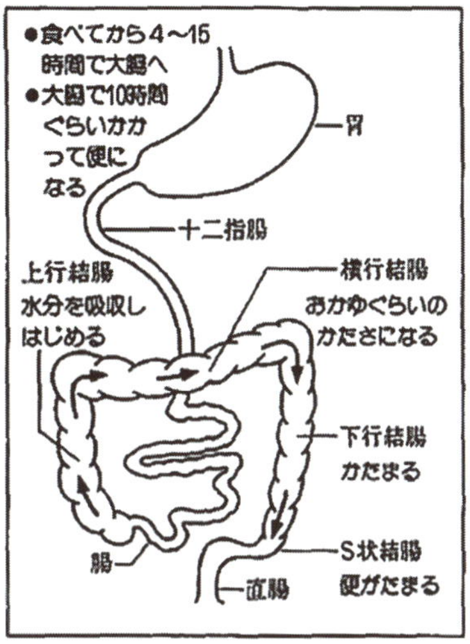

出典：末松たか子『おむつのとれる子、とれない子——排泄のしくみとおしっこトレーニング（子育てと健康シリーズ 4）』大月書店、p.68、1994.

❷ 子どもにとって排泄の自立とは

　乳幼児の排泄の自立に向けた取り組みを開始する際には、三つの条件があります。まず、排尿であれ排便であれ、いずれはトイレの便器に座り、排泄をすることになります。そのためには、尿を溜める、便意や尿意を感じるなど、身体の成長発達に伴い、子ども自らが自分の身体の変化に気づくことです。さらに、両足で立つ（二足歩行）、しゃがむ・立ち上がるなどの身体の成長も排泄の自立においては大事です。最後の一つは、言葉で便意や尿意を伝えることができる言語発達が求められます。前述の三つが揃い、大人の適切なかかわりがあったうえで子どもの排泄の自立が確立されていきます。

　それでは、子どもにとって排泄の自立が意味するものは何でしょう。

　一つ目は快適な生活を営み、健康であるために欠かせないものとして排泄があります。その習慣は物事がわかる年頃なら自然に身につくのではなく、人からの伝聞やかかわりと経験によって育つものでもあります。その基本的習慣を形成していく時期が乳幼児期です。この時期の排泄習慣が以降の身体の生活リズムや健康に大いに影響するため、排泄の自立過程で子どもは自分の身体の変化を自分で

調整できるようになる必要があります。

二つ目は子ども自身が自分の生理的現象について大人の力を借りず主体的に取り組むこと、すなわち自立することです。生まれてすぐの赤ちゃんは大人に身の回りの面倒をみてもらい、支えられ大きくなっていきます。月齢や年齢が上がっていくにつれて、自分のできることが増えていくなかで、いずれは大人の手を借りず、助けてもらわなくても、自分の身体の状態に合わせて排尿と排便を行うことになります。必要なときに大人の許可や確認がなくても自分の身体に沿って自分の意思で行う自立を意味します。

今井（2018）[2]は、排尿と関連して大切にしたい三つの感覚を次のように取り上げています。

①おしっこが「シャーッ」と出る感覚（放水感）を体感する
②おしっこが出たところを目で見て確認する（視覚的認知）
③そのとき、「シーシー」「シー出たね」と聞くことで、ことばとおしっこが結びつく（聴覚的認知）

上記の三つの感覚を同時に体験する経験を繰り返すことで、自分で排泄できるようになっていくと解説しています。

以上、排尿と排便など、排泄の仕組みについて説明をしました。保育者は漠然とした排泄活動を進めるのではなく、それぞれが子どもの生活上でどのような影響があり、子どもの健康との関連を理解したうえで、子どもの生活習慣を形成できるよう、一人ひとりのペースに合わせて排泄の自立を進めていくことが求められます。

第2節　排泄習慣の自立へのかかわり

❶ 3歳未満児と排泄

1. 0歳児の排泄機能の発達と大人のかかわり

新生児は腎臓・消化機能が未発達なこともあり、排尿反射が抑制できず頻繁に排泄します。0歳前半には少量を頻繁に排尿し、後半に向けて徐々に排尿間隔が長くなり、量も増えていきます。排便においても母乳やミルクを飲む際には便の硬さがゆるゆるの状態でそこまでにおわなかったものが、離乳食を食べる頃からはさまざまな食材を身体に取り入れることによりにおうようになり、0歳後半か

ら排便の形ができ始め、普通の便の硬さになっていきます。

　0歳児にとって排泄は、日々の生活を快適に過ごすための最も重要な働きです。また、排泄によるおむつ替えは単なるおむつを交換することだけではなく、身近な大人と触れあい、関係性を築くものであり「大事にされている」ことを感じる時間にもなります。集団で過ごす保育活動では複数の子どもと保育者がかかわるなかで、おむつ替えとは単純なおむつの取り替え作業だけではないわけがそこにあります。おむつが濡れて気持ち悪くなった赤ちゃんが「おぎゃ〜」と泣いたときにしばらく誰も反応がないと、あきらめて要求をしなくなるといわれています。赤ちゃんのおむつ替えの意味を考えながらかかわっていきましょう。

・健康を確認し、保つための大事なかかわり
・身体の変化に気づき、おむつ替えを通して快・不快という感覚の育ち
・安心できる大人とのスキンシップを通して、大事にされていることを感じる愛着関係の築き

では、どのようなときにおむつ替えをするでしょうか。

・赤ちゃんがぐずった様子や表情で示したり、泣いて伝えたりしたとき
・おしっこやうんちのにおいがするとき
・生活や活動の節目前後のタイミングで、次の活動を保障するために
・子ども一人ひとりの排泄の間隔を知り、個々の身体のリズムで必要だと思ったとき

2. 1・2歳児の排泄の発達と排泄の自立

　1歳未満児は排尿間隔が短く、頻繁に排尿することは **1.** でも述べました。1歳半前後から膀胱の容量が増加するとともに回数が減ることにより、子どもは溜めた尿を一度に排出する身体の変化に気づきます。排便と比べて排尿は1日に10〜15回と回数が多く、変化に気づき排尿感覚を覚えやすいです。尿意を感じたときの子どもの姿には、その場で足踏みしたりムズムズして落ち着かない様子をよく見かけます。2歳頃には膀胱に溜める量が増え、排尿間隔も長くなります。間隔の長い子どもは2〜3時間もつこともあり、寝る時間を除き、布パンツで過ごす子どもも出てきます。3歳頃になると、少し我慢してトイレに行けるタイミングをはかり、行ける状況になるまで調整するようにもなります。ただし、同じ3歳児であっても個人差はあります。

1)「トイレトレーニング」はいつから？

　では、排尿の自立に向けた練習である「トイレトレーニング」は、「いつ」「どのように」進めることが適切でしょうか。

　排尿の自立を試みるには、まず、尿を溜める生理的な発達とともに、排尿感覚が育つことが前提となります。いくら大人が頑張っても子どもの排尿感覚が育っていなければ、大人だけの焦りで子どもを苦しめることになりかねません。1時間半から2時間ほどの排尿間隔になってからトイレトレーニングの開始時期を考えるとよいでしょう。二つ目は、子どもの歩行が確立される必要があります。排泄をする際には、おまるに座る、便器に座る、しゃがむ、立ち上がる等の動きを子ども自らができることが求められます。その意味では二足歩行だけではなく、両足で身体を支える動作ができる必要があります。また、布パンツを自分で着脱することが排尿の自立には不可欠ですので、1歳児の着脱への取り組みを同時期に並行して進めるとよいでしょう。三つ目は、子どもが自分の意思を伝達できる程度の言葉の育ちが求められます。

　もし、子どもの排尿間隔が1時間以内なら、もう少し子どもの様子を観察し、トイレ環境に慣れる時期にしましょう。生活の節目におまるや便器に座ってみる、絵本の絵や内容を通しておしっこやうんちが大事な身体の働きであることを身近に感じ、楽しみながら自分でやろうとする気持ちを育むことも排泄の自立につながるきっかけになります。また、布パンツをはいてみる経験もその一つです。1時間半程度の排尿間隔になった頃から、活動の節目に紙おむつを外し、おまるやトイレの便器に座ってみる経験ができるように進めていきましょう。思いがけず間に合った際には大いに喜び、また座りたくなる気持ちになれるようにし、子どもが行きたくなる、座ってみたいと思える、楽しい活動・雰囲気、環境づくりを工夫しましょう。

2) 集団保育と「トイレトレーニング」の進め方

　通常の家庭なら子ども対大人が1：1のかかわりでトイレトレーニングを進めますが、保育という集団生活のなかでは家庭同様に進めることは難しいです。1・2歳児保育では、子ども6名に対して保育者1名が付くことと決まっています（東京都の場合、1歳児は5：1）。

　例えば、1歳児クラス15名で担任が3名いると想定してみましょう。5名が絵本コーナーにいるときに一人の子どもがトイレトレーニング中でおしっこを漏らしました。すぐ対応できるのは担任一人で、漏らした子どもをまずトイレに連れて行く人、濡れた絵本コーナーを片づけながら、絵本を見ていたほかの子ども

たちに離れるように呼びかける人など、少なくとも対応には 2 名以上の大人が必要になります。

集団保育のなかでトイレトレーニングを進めるときは、子どもの排泄の自立を優先させる保育者の意図も大事ですが、同じクラスであっても異なる成長ぶりがあるなかで、誰からどのように進めていくかが難題でもあります。場合によっては、排泄の自立を図ることにより、子どもの生活と遊びが中断されたり、子どもが布パンツで過ごすことを嫌な思いで終わらせたりすることにもつながりかねません。では、どのような進め方がよいのでしょうか。

まず、子どもの現在の排泄の間隔や感覚をよく把握することです。それから、短期ではなく長いスパンで排泄の自立を計画し、進めていきましょう。その際には、トイレトレーニングが通常の生活と遊びが継続できることを保障し、保育者が対応できる体制を事前にシミュレーションしましょう。

トイレトレーニングに適した時期は、短パンでズボンを脱ぎ着しやすく、漏らしても風邪をひかない気温であり、すぐ洗うことができる 6 〜 7 月からがよいでしょう。布パンツで過ごすことには、漏らさないことが前提ではなく、うまくいかない経験も含まれます。すなわち、漏らしたときの対応までを考えて進めることです。おしっこを漏らしたときに「いい経験をしたね」「すぐキレイにしましょう」と笑顔で対応し、また布パンツで過ごしたいと思えるようなかかわりが大事です。子どもにとっても保育者にとっても慌てることなく進められる保育計画や活動がよいでしょう。

そのためにも、最初から 1 日中布パンツで過ごすのではなく、外遊び→室内遊び（部分的な経験）→食事→午睡のように、徐々に布パンツで過ごす時間を増やすなかで、子どもが自らおまるやトイレで排尿した経験を積み重ねるなかで、感覚が育つようにすることが望ましいでしょう。ここでいう一つひとつの活動での取り組みは 1 回きりではなく、感覚が育つまでしばらく進めることを意味します。時には、それが数週間から 1 か月続くこともあっていいと思います。うまくいかない経験から、子ども自らが自分の身体の変化に気づく成長のなかで排尿の自立にたどり着くのです。実際、1 歳児の 6 〜 7 月に始めてから数か月で排泄が自立できる子どもはまれであり、6 月頃から夏にかけて経験した後、冬期になるとトイレトレーニングを続けられず、一時期停滞期になることもあります。それが 2 歳児クラスに進級した春から再開し、夏頃には昼寝時にも布パンツで過ごす子どもも出てきます。その場合は、お家の方にお漏らしマットを用意してもらい進めることです。その際には、寝る前、寝起きにすぐトイレに行きま

しょう。

3）子どもにとって排尿の自立の意味

　1・2歳児の排尿の自立は、子どもにとってどのような意味があるでしょうか。

　新生児は大人によって委ねられた生活習慣が排泄です。おしっこやうんちの度に、大人によっておむつ替えをしてもらわなければなりませんでした。時には、大人の手が空いているときや大人が気づくタイミングがずれて待つこともあります。それ故、1歳児以降の排泄の自立は、子どもが大人の手を借りず自分の身体の状態に合わせて、自分で排泄を行う生活の自立行動（活動）である一つ目の意味があります。この時期は、衣服の着脱の自立に向けた取り組みも保育の活動で進める時期でもあります。ズボンを脱ぎ着することと並行して進めていけると効果的です。

　二つ目は、紙おむつが軽くて性能がいいとしても、子ども自身の身体にピッタリで身体にそった動きができるのは布パンツです。1歳児は二足歩行ができるようになり、歩行が安定し、自由自在にあちこち歩く等、探索活動が活発な時期です。歩くときの自分の身体に密着し、動きやすさは布パンツに勝るものはありません。1・2歳児の身体の成長や動きに合うものともいえます。

　三つ目は、おまるやトイレで間に合い、「やれた」「できた」ときは、「自分ってすごい」と思えることです。その過程にはうまくいかないことも経験したうえでの「できた」だからこそ、自分のやれた感は貴重な感覚になります。なお、自我が芽生える時期であってこそ、自分づくりをしていく排泄のトレーニングが子どもの心を育てることにもつながります。そのためにも、結果以上に進める過程を大事にしたいところです。その過程を経て1・2歳児は自分を知り、すごい自分をさらに広げていき、3歳児の自己肯定感のピークを迎えることになります。

　排泄は排尿だけではありませんが、排便においては必ずしもトレーニングでできるものではなく、体質や食べもの、運動などさまざまなことが影響するため個々に合わせた進め方が大事です。また、子どもが便意を感じ、伝えたときには、おまるや便器に座り排便したことを大いに喜び、またやりたいと思えるように働きかけていくことが大切でしょう。排尿が自立したから排便も自立するとは限らないことを念頭に置き、無理強いせず、子どもの姿に合わせて進めていくことが大事です。

　以上、1・2歳児にとって排泄の自立は、生活を自分で営む生活の主体者として欠かせない生活経験で、自分の意思で生活をつくっていくためにも大事な活動です。3歳以降の生活を自分で営み、進めていく基盤づくりにもなります。

コラム 6-1

絵本を通して育つ排泄習慣

　排泄習慣は自立への取り組みも大事ですが、事前に子どもがどのようなイメージをもつかも大事です。おなら、うんち、おしっこなど、身体の動きや変化をどのようにイメージするかによって、子どもが自分の身体の状態に合わせてポジティブに向き合うようになります。楽しみながら排泄の自立に向かっていくことが排泄の取り組みでは重要です。その意味で赤ちゃんからの絵本は日頃から触れて見聞きしながら感覚を育てる大事な素材でもあります。

- 長新太『おなら』福音館書店、1983.
- 五味太郎『みんなうんち』福音館書店、1981.
- サトシン作、西村敏雄絵『うんこ！』文溪堂、2010.
- きむらゆういち『ひとりでうんちできるかな』偕成社、1989.
- キヨノサチコ『ノンタンおしっこしーしー』偕成社、1987.
- ヴェルナー・ホルツヴァルト作、ヴォルフ・エールブルッフ絵、関口裕昭訳『うんちしたのはだれよ！』偕成社、1993.
- なかやみわ『トイレですっきり』三起商行、2005.
- tupera tupera『しろくまのパンツ』ブロンズ新社、2012.
- かんざわとしこ文、西巻茅子絵『はけたよはけたよ』偕成社、1970.
- 藤田紘一郎監、深見春夫作・絵『じぶんでおしりふけるかな』岩崎書店、2013.

　日頃繰り返して見聞きしたイメージが実際行ってみる、うまくいかない、できたなどにつながっていくための手立てとして保育活動に活用してみてください。

3. 3歳未満児と保育者のかかわり

　子どもの権利には、やってもらい自分らしく生きる・成長する権利があります。まさに、生まれてすぐの時期はそれに該当します。徐々に自分でやれることが増えていき、自分で営み成長していくことでしょう。まず「やってもらう」時期の排泄面では快いものとして大人がかかわっていき、安心してかかわりを楽しむ排泄活動でよいでしょう。

　1・2歳児の排泄の自立に向けて進めていくときには、トイレトレーニングが子どもに押しつけてしまうことなく、その活動を楽しみながら「やりたい」と思えて、できたときには「うれしい」と自分の成長を喜べるかかわりが大事だと思います。排泄の自立は、自分でできることで「自分が好き」と思えることにもつ

ながります。その意味では、排泄は単なる身体の排泄をこなす働きではなく、排泄を進める過程のなかで、子どもが自分の身体を知り、うまくいく・いかない等を行きつ戻りつしながら排泄の自立に向けていくことです。そのなかで子どもはできる自分を楽しみ、自分に自信がもてるようになるのです。それを手助けし、支えるのが保育者の役割です。

❷ 幼児・学童と排泄

1. 幼児期・学童期と排泄の自立

　3歳未満児が自分の身体の変化に気づき、排泄を自分で行うことをねらいにする一方、3歳以上児（以下「幼児」）は排泄の前後の動きや後始末まで排泄の総仕上げをし、営む活動になります。トイレに行けるタイミングを調整し、見通したうえで、正しいトイレのマナーを見つけて振る舞うことが含まれます。ただし、幼児だから誰もが同じではなく、個人差があります。また、同じく「お漏らし」をした場合であっても、3歳未満児と幼児とは子ども自身の受け止め方が異なります。乳児の場合は、濡れたことが嫌で不快を感じる程度であれば、幼児はできない自分が恥ずかしく、プレッシャーに感じます。幼児の場合はすでにできることを前提に物事をとらえるからかもしれません。ある意味、3歳未満児以上に心のケアや配慮が必要なのが幼児だと考えられます。負担やプレッシャーではなく、自分の身体の変化に向き合っていける手立てを子どもと一緒に考えていくことでしょう。そのためにも幼児を一括してとらえるのではなく、年齢別の排泄の発達を保育者が理解することが大事です。

　次は、3歳児の排泄への取り組みです。
- ・尿意や便意を感じたときに言葉で知らせてトイレに行く。
- ・うまくできないとしても自分で後始末をする。
- ・排泄後、水を流す、手を洗う等の一連の行動ができる。
- ・まだまだ大人の付き添いや手助けが必要である。
- ・パンツやズボンを上げ下げが上手にできる。
- ・時々おねしょをすることもある　など。

　4歳児の場合は、ほとんどの子どもが自分で排泄をし、後始末ができます。ただし、4歳児は周りを意識し、自分をとらえる時期であることを考慮し、まだまだ大人の確認が必要です。

　5歳児の排泄活動は目安として、乳児期からの排泄への取り組みの仕上げともいえます。

- 生活上の自分の排泄リズムを知り、生活を見通し、排泄の調整ができる。
- トイレが空いているかノックで確認し、利用する。済ましてから手を洗い、使い終わったスリッパは次の人のためにそろえて置く。
- 見守らなくても自分でやれる。
- 見られたくない気持ちがある。
- 汚れないように気をつけて排泄できる　など。

　以上、幼児期の排泄の取り組みについて触れました。年齢別で行う一定の特徴はあるとしても、それぞれの「やれる」「やれない」の程度が異なるため、子ども一人ひとりの排泄への感覚、言葉の理解度、行動できることなどを踏まえて進めていくことが求められます。

　小学生以降の場合は、ほとんどの子どもが排泄の自立をしていきます。なかには、日中は大丈夫であっても、夜寝ている間に、無意識に、シーツや布団、下着、パジャマを濡らすおねしょをすることもありますが、年齢とともに減っていきます。「もう小学生だからできるでしょう」と責めるのではなく、どのような状況でも大人は子どもの心を大事にしながら、その理由や原因を探し、無理のないなかで改善を図っていくことです。原因によっては医療関係者に助けていただきながら、子どもにかかわる必要がある場合もあります。

コラム 6-2

夜尿症とは

　子どもの夜尿症とは、5歳以上児が1か月に1回以上で3か月間おねしょが続く場合を指します。近年の発症状況は、5歳から15歳の子ども16人に1人、さらに詳細では、5歳は6〜7人で1人、10歳では20人で1人、15歳では100人で1人のようです。原因は、寝ている間に尿がたくさんつくられること、寝ている間の膀胱が小さいなど、遺伝的な要因もあり得ます。日本泌尿器科学会によれば、夜尿症は親の育て方や子どもの性格の問題ではなく、覚醒障害＋睡眠中の膀胱の働きが未熟であることによるとしています。このような夜尿症の治療の中心は子ども自身になります。起こった症状だけに注目するのではなく、子どもの生活習慣から見直すことにより、子どもがストレスを受けないような配慮と、大人の温かい眼差しのサポートが大事だと考えられます。

　その他、小学生が抱える別の問題があります。慣れない学校生活のなかでトイレに行くことを我慢するために生じる便秘問題です。日本トイレ研究所の調査

(2023)によれば、小学生1万2307人のうち26.3％、約4人に1人が便秘の疑いがあるという結果でした。その原因として、学校に行くことによる緊張、人間関係の変化、トイレ環境の変化などが挙げられています。

2. 保育者・教育者のかかわり

　幼児期・学童期の子どもは排泄の身体の変化に気づき、自らトイレに向かうことが普通にできます。時々トイレへの我慢とタイミングを見誤り漏らすこともありますが、そのときに大事なことは、どのような状況であっても、周りを気にして恥ずかしいと思う子どもの気持ちのフォローです。「幼児なのになぜ？」「小学生だから当然」のような目線ではなく、その都度、子どもが漏らさざるを得ない理由を探し、次の手立てを子どもと一緒に考えていくことです。基本は子どもの頃の自分を振り返り、何で漏らすことになったかを考え、子ども自らがうまくいかなかったことを振り返るようにすることが重要です。そのときに留意してほしいことは、漏らさないことを強調しすぎて、大人の焦りから子どもを責めることは、子どもの自然な排泄習慣を妨げるだけではなく、子どもの自尊心を低下させることになるということです。子どもが自分の身体の働きを自然に感じ取り、トイレに向かえるようにしましょう。この排泄におけるうまくいかない事柄は、お漏らしだけではありません。排泄活動時のさまざまなうまくいかない出来事もここに含まれます。その手助けとして、保育者・教育者が子どもが気づけない原因分析や環境づくりをし、改善に向けた子どもが取り組める「どのように」を、年齢に合わせて具体的に提示していくことがあるでしょう。特に3歳頃は具体的なやり方の指導を、4歳以降は排泄前後のトイレマナーについて子どもが気づくように進める必要があります。

・濡れない・汚れないためにズボンやパンツをどの程度下ろすか。
・便器の座り方、男の子は立ち小便器での姿勢と正しい使い方。
・男女によって排泄の後始末の仕方、排尿と排便の拭き方等。
・トイレットペーパーの適当な長さ、切り方や拭き方。
・トイレが空いているか確認のノックをする。排泄後は必ず水を流す、ドアを閉めるなど、トイレマナー。

　幼児以降で最も大事なことは、子どもが遠慮したり我慢したりしなくても身体が求めるときにトイレに向かえる雰囲気づくりです。この時期の排泄習慣が以降の生活リズムづくりに連動し、健康に影響することを考えると、食べること以上に重要な生活習慣が排泄なのです。

第3節　排泄活動で大事にしたいこと

　乳幼児期・学童期の排泄習慣は、生理的な身体の成長発達とともに、子どもの心にも注目して双方の育ちを保障する活動として進めていくことが大事です。そのためにも、年齢別の排泄活動で求めることや子どもとのかかわりが異なることを留意しながら進めていく必要があります。0歳児期に大人に委ねた排泄で「快」「不快」という感覚が育まれたことが、1歳以降の自分の身体の変化に気づく感覚につながります。1歳半頃からは膀胱に溜める生理的な成長とともに、尿意・便意を察し、トイレに向かい、おまるや便器に座り、排尿する流れに慣れていきます。保育所や認定こども園で実施するトイレトレーニングは、複数の子どもがいる集団保育のなかで行われます。園によっては異年齢保育をすることもありますが、年齢別の保育を行うことが多いなかで、「自分が」「自分の」と生活のさまざまなことを自分でやろうとすることや、「おんなじ」「いっしょだね」と友だちとかかわりたい特徴を活かし、友だちと一緒にパンツで過ごす経験を増やしていくことです。幼児以上の生活の基盤となる排泄活動の基礎づくりになります。

　乳幼児の排泄の自立は環境づくりと保育者の言葉かけです。できたときに大いに喜び励ますことが、子どもの「やりたい」を「やれた」へともっていくことになります。環境では、明るくて楽しくなるトイレのイラストや色合い、保育室からトイレまでの雰囲気づくり、排泄時のプライバシーが守られる空間づくり、布おむつやズボンを着脱しやすい子ども用のベンチあるいは着替え台など、おむつやパンツの準備、排泄後に手を洗い拭き取るまでの動線の工夫など、たくさんの工夫が必要です。1・2歳児であっても、まだまだ保育者の手助けが必要な時期であることを忘れずに優しい眼差しで進めていくとよいでしょう。

　幼児期や学童期の子どもは自分で行う、後始末することを子ども自身が営めるよう声をかけていきましょう。場合によっては、遊びに夢中になりすぎてタイミングを逃したり、集団活動のなかで自分の生理現象について言えず我慢したりすることもあり得ます。「うんち」や「おしっこ」は大事な身体の働きであること、どんなときでも最優先して大丈夫なことを子どもたちに繰り返して伝えていきましょう。気持ち通りにいかず悩む子どもには、どのようにしていくかを一緒に悩み、子どもから提案できるよう見守ることで子どもの考えを育てることにもつながります。重要なのは「やれる」「やれない」といった結果だけではなく、子どもの気持ちや進め方を考慮し、一人で進めやすく、困ったときはいつでも相談で

きる関係性を築くことではないでしょうか。排泄活動は年齢を問わず、子どもの健やかな育ちとその過程で子どもが自分と向き合い、一人で生きていくことを支える活動だともいえます。

学習のまとめ

1. 乳幼児期において排泄の自立が意味するものが何か、本文の内容を踏まえてまとめてください。
2. 子どもの排泄活動時の保育者のかかわりについて年齢別に整理してみましょう。

コラム 6-3

排泄行為にかかわる着脱衣の指導

　便利で高性能な育児用品が開発され、乳幼児の排泄環境も変化しています。不快を感じない紙おむつやトレーニングパンツを使用することで、排泄の自立も遅くなる傾向になっています。M幼稚園は入園する3歳児のほとんどが紙パンツ着用ですが、園によってはパンツへの移行が終了していることが入園条件になっているところもあるようです。

　排泄行為と密接につながってくる指導が、着脱衣にかかわることではないでしょうか。保育者がパンツを広げ、保育者に支えられパンツに足を入れる。専用のマットに座り、保育者が履きやすいように並べたパンツやズボンに自ら足を入れる、履いたパンツを手で引っ張り上げるなど、少しずつ自分でできることが増えてきます。

　やがてパンツや洋服の模様で前後の違いもわかるようになってきます。もし、前後逆に着たり、気になる着方をしたとき、あなたならどうしますか。A先生は「一人でできた証です」と保護者に伝え、一人でできた喜びを保護者とともに共有しました。このように、保育者の丁寧な指導の下、一段一段、自立への階段を上っていくのです。

引用文献

1) 新村出編『広辞苑第七版』岩波書店、p.2312、2018.
2) 今井和子編著、大須賀裕子・小野﨑佳代『0・1・2歳児の世界② 心地よい生活と養護』トロル、p.33、2018.

参考文献

・日本トイレ研究所「小学1年生はなぜ便秘になりやすい？」(https://www.toilet.or.jp/projects/toiletweek2024_kiji02　最終閲覧日：2024年12月24日)

第 7 章

生活リズムの形成と睡眠

本章のねらい

本章では、睡眠の必要性や基礎知識を身につけて、どのような環境を整えればよいか、どのようにかかわっていけばよいのかについて学びます。子どもが成長する過程には個人差があり、生活のなかでさまざまな習慣を身につけていきます。特に乳幼児期における睡眠習慣の獲得は、子どもの成長・発達に大きな影響を与えるため、子どもの特性や現代の課題に焦点を当て、家庭との連携や保育者としての適切なかかわりについて考えていきます。

学習のポイント

- 睡眠の果たす役割は何か、睡眠の内容（時間や質）が成長・発達に影響していることを理解しましょう。
- 午睡は、子どもの活動を調整するために必要な時間です。しかし、睡眠には個人差があることを理解し、保育者として午睡時の安全確保や見守り方について学んでいきましょう。
- 子どもの体力はまだ発達途中ですので、活動中の休息は身体活動の低下からの回復や情緒の安定を促します。子どもが本来もっている能力を、活動において十分発揮するための休息のとり方について考えてみましょう。

> **学習の準備**
>
> 皆さんは、1日にどのくらいの睡眠時間がとれていますか。睡眠のとり方はその人の年齢や生活状況によってさまざまで、また睡眠時間にも個人差があります。近年、子どもたちの就寝時間は年々遅くなり、それに伴い睡眠時間も短くなっているといわれています。
> 睡眠は、子どもの成長にとって重要な役割を果たしており、生活習慣づけの面からも大切です。自分の幼少期と今の子どもたちの睡眠状況を比較しながら、子どもたちの成長・発達に及ぼす睡眠について考えてみましょう。

第1節　睡眠のリズム

❶ 生活リズムの形成

　子どもの生活リズムを築くものとして、主に「睡眠」「食事」「遊び」があります。規則正しく必要な時間の睡眠をとり、栄養バランスのよい食事を摂取し、しっかり活動（遊び）をして、そしてまた眠りにつくという当たり前のことを毎日繰り返すことにより基本的な生活習慣づけができ、生活リズムが形成されていきます。人が健康に生活していくためには、生活リズムを整えることがとても大切で、乳幼児期は特に生活リズムを確立していくための基礎となる時期です。

　しかし、子どもを養育する者が仕事などで忙しいとか、知識や理解が不足しているなどの場合、生活リズムを確立させることがなかなか難しくなります。それでは保育者として、乳幼児期にしっかりと子どもの生活リズムを整えるために、どのようなことに気をつけ、支援していけばよいのでしょうか。

　私たちの体の中には「体内時計」が備わっており、脳（目の後ろ）にある視交叉上核によって調整されています（図7-1）。「体内時計」は基本的に25時間周期ですが、私たちの1日の生活時間は24時間ですから、1時間のズレがあります。このズレを視交叉上核で調整するための必要な要素として、朝の光を浴びる、生活環境、食事などが挙げられ、これらの大切な要素を元にして、毎

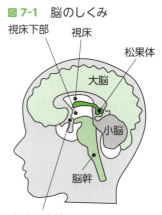

図7-1　脳のしくみ

出典：東京都生涯学習情報「早起き・早寝が大切なわけ」を一部改変

日「体内時計」を調整しているのです。このようにして24時間で繰り返される体温変化やホルモン分泌周期のことを、サーカディアン（概日）リズムといいます（図7-2）。保育者はこのような基本的知識を理解し、保育面や家庭への支援に活かしていくことが大切です。

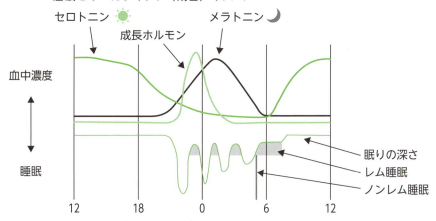

図7-2 睡眠とサーカディアン（概日）リズム

出典：東京都生涯学習情報「早起き・早寝が大切なわけ」を一部改変

1. レム睡眠とノンレム睡眠

　睡眠には、体は休息しているのに脳は活動している浅い眠りの「レム睡眠」と、体も脳も休息している深い眠りの「ノンレム睡眠」の2種類があります。一晩の眠りの変化は、深い眠りの「ノンレム睡眠」と浅い眠りの「レム睡眠」を1セットにして、生まれたばかりの赤ちゃんは40〜50分、2歳児では75分、大人の場合はおよそ90〜100分の間隔で、1セットの睡眠を交互に繰り返しています。このように年齢が高くなるにつれて、1セットの間隔は長くなっていきますが、2歳児の平均睡眠時間がおよそ13時間くらいだとすると、一晩に10回前後繰り返していることになります[1]。

2. 睡眠に関係する体内の物質

1）成長ホルモン

　成長ホルモンは、夜眠りについて、最初の深い眠りのときに多く分泌されます。その働きは、筋肉を増やし、骨を伸ばし、新陳代謝を盛んにするなどです。子どもが成長するためだけに必要なホルモンのように聞こえますが、細胞を活性化させる作用があり、大人にも大切なホルモンです。夜更かしや睡眠不足などで体調がよくないと、本来の働きが発揮できませんので、規則正しい睡眠習慣を心

がけるようにしましょう。
2）メラトニン
　メラトニンは、脳の深い場所にある松果体（図 7-1）で作られ、眠気をもたらし酸素の毒性から細胞を守るホルモンです。朝、目覚めて 14 〜 16 時間後、夜暗くなると分泌される特徴があります。また、1 〜 5 歳の頃にたくさん分泌され、昼間にたくさん光を浴びると多量に分泌されることがわかっています。しかし、夜であっても周りが明るいと分泌量が少なくなるので、よい眠りのために、夜は「暗い」環境が必要です。
3）セロトニン
　セロトニンは、体内に存在する「神経伝達物質」の一つです。食欲や睡眠、呼吸など基本的な生活に関係する神経と、快や不快、不安、衝動を支配する神経の両方をコントロールする重要な役割があります。特に、不安や恐怖などの情動や衝動性を抑え、心を穏やかに保つ働きがあります。セロトニンが活躍する神経は、幼児期の 5 歳ぐらいまでに食事や睡眠などの刺激により作られます。

3. 体温の変化
　体温のリズムは、睡眠やホルモンのリズムと関連しています。体温は、1 日のうちで変動があり、目覚める前の明け方頃が一番低く、起きると上昇して脳や体を目覚めさせ、活発に動けるようなリズムを刻み、夕方頃に一番高くなり、夜になって徐々に低くなっていきます。しかし、睡眠のリズムが乱れると、この体温リズムも乱れてしまい、活動が鈍り、ボーっとしたり疲れやすかったりという影響があります。

4. 睡眠時間と健康
　睡眠時間は個人差があり、同じ環境で育った子どもたちでも、その睡眠の様子はさまざまです。米国国立睡眠財団によれば、推奨睡眠時間の平均睡眠時間は、4 〜 11 か月の乳児は 12 〜 15 時間、1 〜 2 歳児は 11 〜 14 時間、3 〜 5 歳児は 10 〜 13 時間、6 〜 13 歳は 9 〜 11 時間、14 〜 17 歳は 8 〜 10 時間となっています。睡眠は体を休ませる以外、何のために必要なのでしょうか。
　脳には毎日たくさんの情報が入ってきます。その情報整理のためにも、睡眠が大切なのです。眠っているときに、大量の情報を整理し、必要な情報を記憶させ、必要でないこと（つらい出来事など）は忘れるようにする役割があります。早寝をしてしっかり睡眠をとれば、情報を整理する時間も長くなるので、記憶力

も高まり、心のバランスも保つことができると考えられます。

❷ 最近の傾向

1. 生活リズムの実態と問題点

1）遅寝・夜更かし

　厚生労働省の e- ヘルスネットでは、幼児期の睡眠習慣が問題視されています。そこには、日本小児保健協会が行った1980（昭和55）年・1990（平成2）年・2000（平成12）年の幼児期の睡眠習慣に関する調査で、1歳6か月児・2歳児・3歳児・4歳児・5〜6歳児のすべてにおいて22時以降に就寝する割合が増加しており、子どもの生活リズムが年々夜型傾向にあることが明らかになったことが掲載されています。最近では少し夜型化に歯止めがかかりつつあるようですが、まだまだ遅寝遅起きの子どもが多い傾向が見られ、各国の比較においても、世界17か国の子どもたちのなかで、日本の子どもたちの睡眠時間は短いといえます（図7-3）。

図7-3　乳幼児（3歳児以下）の睡眠時間の国際比較

出典：文献 Mindell ら（2010）より改変

　夜型の生活では十分な睡眠が確保できず、朝の目覚めも悪くなります。そうなると体内時計の調整もうまくいかず、体内リズムが崩れ心身の健康にも影響を及ぼし、子どもたちは日常的に疲労し、イライラが募り、攻撃性が増すと考えられます。

2）原因

　子どもたちの遅寝の原因として、習い事やテレビの視聴、ゲームなどが挙げられます。しかし圧倒的に多いのは、「何となく」「家族が遅いから」などの理由です。

　厚生労働省は2010（平成22）年に出生した2万8077人の子どもに対して、21世紀出生児縦断調査で睡眠習慣について追跡調査を実施しています。4歳6か月時点での最も多い就寝時刻は21時台が52.1％、次いで22時台が17.6％であり、21時前に就寝する子どもは21.7％で、全体の5分の1でした。その理由の一つとして、母親の労働時間が長いほど22時以降に就寝する子どもの割合が多いことがわかっています。これは親が残業等で帰宅が遅いと、当然、帰宅後の食事や入浴などが遅くなり、就寝時間も遅くなるといったことがあるでしょう。今後ますます、共働き社会の広がりが考えられますので、親のライフスタイルによって子どもの睡眠も大きな影響を受けることを理解し、睡眠のための工夫や支援が必要になってきます。

❸ 生活リズム形成のための保育者のかかわり

1. 眠りの環境

1）寝かしつけのポイント

　生まれたばかりの乳児は、体内時計が未熟で昼夜の区別がついていませんので、睡眠時は明るい環境でも問題ないといわれています。3～4か月頃になると、朝の光を浴びることにより、一生懸命自分の体内時計と1日の生活時間との調整を図って昼夜の区別をつけ始めようとしていきますが、まだまだ脳の働きが未熟で調整までに時間がかかるため、レム睡眠や浅いノンレム睡眠の場合、寝言を言ったり、体を動かしたり、寝返りを打ったり、時には泣くこともあります。その場合、夜中に突然目を覚ましたので室内を明るくして対応したり、逆に昼間に眠ったので真っ暗にしたりすると、調整に混乱をきたしたりします。睡眠時の環境として、昼間は観察のためにもできるだけ部屋は薄暗～明るくして、夜は暗い環境を心がけるようにしましょう。

　子どもは眠くなると、手足が温かくなってきます。このときに熱いお風呂に入れると、交感神経系の働きを高めて、体が起きるための準備をしてしまいます。眠る直前にお風呂に入れる場合は、お湯の温度をぬるめ（38℃程度）にすることが、入浴の疲れも伴い入眠には効果的です。

　また明るい光を寝る前に浴びると、脳が興奮して寝つきが悪くなります。寝る

直前までテレビを見たり、ゲームをするのをやめさせ、柔らかい光のなかで本を読んだり、暗い部屋で眠らせるようにしましょう。さらに寝る前に夜食（糖分）を摂ると、高血糖となるため成長ホルモンの分泌が抑制されてしまいますので、控えましょう。

　眠りを誘うセロトニンの分泌は、オキシトシンによって高まります。オキシトシンは本来、女性ホルモンとして知られていますが、もちろん男性でも分泌されます。赤ちゃんを抱っこやおんぶしたり、背中をトントンしたりすることで、オキシトシンの分泌を促すともいわれていますので、子どもの顔を見てお話をしたり、子どもの体に触れたりすることは、子どもたちの眠りのためによい影響を与えると考えられます。

2）快眠への援助

　神山（2015）は、睡眠のポイントとして、スリープヘルスの6カ条の確認が大切であると述べています（**表7-1**）[1]。睡眠の質を高めるためにも、入眠の環境設定に取り組み、子どもの健やかな眠りの援助を行っていきましょう。

表7-1　スリープヘルスの6カ条

1. 朝の光を浴びること
2. 昼間に活動すること
3. 夜は暗いところで休むこと
4. 規則的な食事をとること
5. 規則的に排泄すること
6. 眠りを阻害する嗜好品、過剰なメディア接触を避けること

2. 家庭とのかかわり

　睡眠不足が続くと、将来、肥満や生活習慣病（糖尿病・高血圧）、うつ病などの発症率を高めてしまう危険性も指摘されています。それらを予防するためにも、やはり乳幼児期に生活習慣を整えることは大切です。睡眠習慣は、家族の生活スタイルによるものが多く、生活全体を通して考えていく必要があります。保育は24時間続いていますので、保育者は保護者に睡眠に関する知識や、園での午睡時間を伝え、保護者からは家庭での睡眠状況の情報を得るなどして、家庭と連携しながら園での支援を考えていきます。

事例 7-1

1歳のYちゃんの夜泣きについて、お母さんから相談を受けました。お母さんは「夜中に突然泣き始めると、1時間以上は起きている。お父さんが遅く帰ってくると、一緒に遊んじゃうし、抱っこしたままでないと寝てくれないので困っちゃう」とかなり疲れている様子でした。

演習課題

事例のお母さんからのお話で、もう少し必要だと思われる情報はどのようなことでしょう。また、ご両親へのアドバイス、保育者として園でできることはどのようなことがあるのか、考えたことをグループで話し合ってみましょう。

第2節 午睡中の安全と配慮事項

❶ 午睡の目的

　午睡には、午前中の活動による脳の温度を下げて、体の疲労回復、情報の整理と記憶の定着、午後からの活動に備える目的があります。子どもは、大人と比べると脳も体も未熟です。そこで園では長い時間、集団生活を快活に過ごすため、一律に午睡の時間を設けていました。しかし、2017（平成29）年改正の「保育所保育指針」「幼保連携型認定こども園教育・保育要領」では、「午睡は生活のリズムを構成する重要な要素であり、安心して眠ることのできる環境を確保するとともに、在園時間が異なることや、睡眠時間は園児の発達の状況や個人によって差があることから、一律とならないよう配慮すること」と個人への配慮が示されるようになりましたので、園児に合った睡眠スタイルを考えていくことになりました。

❷ 午睡中の安全

1. 乳幼児突然死症候群 （SIDS：Sudden Infant Death Syndrome）

　乳幼児突然死症候群は、特に病気や既往症もなく、これまですくすく育っていた乳幼児が、突然眠っている間に亡くなってしまう原因不明の病気です。発生数

は1997（平成9）年に538人だったのが、2022（令和4）年は47人と減少傾向にありますが、1歳未満の乳児死亡原因においては第4位と高い順位となっています。

特徴としては、生後2〜6か月に多く、まれに1歳以上でも発生することがありますので、保育者はハイリスク要因に注意し、SIDSの予防に努めましょう。

❸ 午睡中の配慮事項

午睡中は仰向けに寝かせ、室温・湿度などの環境設定や呼吸管理に留意し、必ず一人ひとりの観察を行い、その都度記録します。また家族の喫煙は、子どもの呼吸中枢にも影響を及ぼします。禁煙に努めるよう、家族の協力を得ましょう。最近では、衣類の着せすぎ（厚着）も要因の一つとして挙げられるようになりました。入眠後の体温管理も大切になりますので、汗をかいていれば掛け物を調整しましょう。

表7-2 乳幼児突然死症候群（SIDS）の予防および睡眠中の事故防止[2]

- ☐ 照明は、睡眠時の乳幼児の顔色が観察できるくらいの明るさを保つ
- ☐ 乳幼児のそばを離れない。機器の使用の有無にかかわらず、必ず職員がそばで見守る。
- ☐ 仰向け寝を徹底する（医師がうつぶせ寝を勧める場合を除く）
  - ・1歳児以上でも、乳幼児の家庭での生活や就寝時間、発達の状況など一人一人の状況を把握できるまでの間は、必ず仰向けに寝かせる等、乳幼児の安全確認をきめ細かく行うようにしましょう。
- ☐ 午睡（睡眠）時チェックをきめ細やかに行い、記録する
  - ・必ず1人1人チェックし、その都度記録しましょう。
  - ・0歳児は5分に1回、1〜2歳児は10分に1回が望ましい間隔です。
  - ・預けはじめの時期は特に注意してチェックしましょう。
  - ・体調不良等いつもと違う様子の際は特に注意してチェックしましょう。
  - ・人任せにしないよう、チェックする担当を明確にしましょう。
- ☐ 保育室内の禁煙を徹底する
- ☐ 厚着をさせすぎない、暖房を効かせすぎない
- ☐ 保護者と緊密なコミュニケーションを取る
  - ・預けはじめの時期や体調不良明けは特に注意して、家庭でのお子さんの様子、睡眠時の癖、体調等を保護者から聞き取るとともに、保育園でのお子さんの様子もきめ細やかに報告しましょう。気になることはお互いに話し合い、対策を講じましょう。

出典：東京都福祉局「乳幼児突然死症候群（SIDS）の予防及び睡眠中の事故防止」2018.より一部抜粋

【参考】
国立成育医療研究センター「乳幼児突然死症候群って予防できるの？」
（動画：4分4秒）

事例 7-2

3歳児の保護者会で、Sちゃんのお母さんから「Sは家で、なかなか寝てくれない。園で昼寝をしなければ、疲れて家でぐっすり寝てくれるかも」という話がありました。ほかの保護者からは「ウチもですが、休日も特に昼寝はしません。大丈夫でしょうか」という話が出ました。

演習課題

事例のような場合、保育者としてどのように対応すればよいのでしょうか。まずは、それぞれの事例について自分で考えてみて、その後グループで話し合いましょう。

第3節 休息

❶ 休息の必要性

　体は疲れているのに興奮してなかなか眠れない子どもや、静かな環境では眠れない子どもがいます。子どもたちの様子を観察し、休息が必要と思われる子どもに対しては、ゆっくり体を休ませることが必要です。子どもによっては、一つのことに集中して物事に取り組むことがありますので、そのような場合はタイミングをみて声かけすることで、集中力の向上につながります。また、睡眠不足で子どもに起こりやすいのが集中力の低下です。園での活動においてもやる気がなくなってしまい、自分の力を発揮できなくなります。精神的にもイライラしたり、怒りっぽくなったりして不機嫌になりやすい傾向がみられますので、このようなときは適度に休息を挟んで、短時間の活動に集中できるようにしましょう。

❷ 休息のとり方

　低年齢児の場合、子どもたちが昼食を終える時間はまちまちです。その後、着替え・排泄を済ませ、休息へと活動を移していきますが、その際の環境づくりが大切です。まずは安静にできる場所を確保し、絵本を読んだり、背中をトントンしたりすることにより、眠りを誘うことができます。睡眠は個人差も大きいので、眠れない子どもに対しては、休息をとれるような静かな遊びができる場所を

整えます。そして子どもが目覚めたときは、汗をかいていることもあるので着替えを済ませ、気持ちよく次の活動へ移れるように、声かけをしましょう。

　幼児期は、家庭で十分な睡眠がとれている場合や午睡を必要としない子どももいます。個別配慮の観点から、無理に寝かせることはせず、声の大きさや行動に注意するようにして、午睡している子どもたちへの気遣いができるように静かな過ごし方について支援をしていきます。

　また、年長クラスの秋頃から小学校への連携を考慮して、徐々に午睡をなくしていく園が多くなっています。その場合、子どもの状態に合わせて、眠たい子どもは30分ほど休息をとり、そのほかの子どもは、静かな過ごし方や戸外での遊び方についての指導を行います。そして少しずつ就学に向けての生活習慣づけを行っていきます。

❸ 病児・病後児への対応

　病後の子どもは体力が落ちていますので、活動についてもゆっくりと参加できるようにしましょう。処方薬の内服を続けている子どもについては、タイミングをみて休息をとれるように声かけをしていきます。また、アレルギーの既往がある子どもは、食直後の活動によりアレルギー反応が出現しやすい状態になることもあるため、食後の急激な運動を避け、休息することが大切です。

事例 7-3

> Kくん（5歳）はこの2～3日、登園後元気がなく、友だちとの遊びも座って行うことが多くなりました。たまにぼんやりしていて、眠たそうなときもあります。降園近くになると少し活気が見られるようになります。

演習課題

　Kくんの状況から、どのようなことが考えられるか考察しましょう。ほかにどのような情報が必要でしょうか。家庭との連携について、どのような支援が必要なのか、考えてみましょう。

学習のまとめ

1．睡眠が子どもの成長に及ぼす影響について整理しましょう。
2．入眠儀式のほかに睡眠に大切な6カ条を確認しましょう。
3．SIDSのリスクについて考え、保育者としての注意点について整理しましょ

う。
4．午睡の個別配慮について考えてみましょう。

引用文献

1) 神山潤『ここだけは押さえておきたい　子どもの眠りの大事なツボ』芽ばえ社、pp.80-81、2015.
2) 東京都福祉保健局「乳幼児突然死症候群（SIDS）の予防及び睡眠中の事故防止」2018.（https://www.fukushi.metro.tokyo.lg.jp/documents/d/fukushi/ninka4_6_f_3_suimin_3　最終閲覧日：2024年12月22日）

参考文献

- Mindell, J.A., sadeh, A., Wiegand, B. et al. "Cross-cultural differences in infant and toddler sleep," *Sleep Medicine*, 11(3), pp.274-280, 2010.
- 守田優子「本邦の睡眠関連問題とその予防・改善に資する運動の可能性」『科学フォーラム』435号、東京理科大学、pp.36-41、2023.
- 神山潤『子どもの睡眠――眠りは脳と心の栄養』芽ばえ社、p.19、2003.
- 東京都生涯学習情報「早起き・早寝が大切なわけ」2013.
- e-ヘルスネット「子どもの睡眠」厚生労働省、2023.（https://www.e-healthnet.mhlw.go.jp/information/heart/k-02-007.html　最終閲覧日：2024年8月19日）
- 厚生労働省「第5回21世紀出生児縦断調査（平成22年出生児）　第38表 母と同居している子ども数・構成割合、母の就業状況、就寝時間、起床時間別」2014.（https://www.e-stat.go.jp/stat-search/files?page=1&layout=datalist&toukei=00450050&tstat=000001059174&cycle=7&tclass1=000001088935&tclass2=000001088955&cycle_facet=tclass1%3Atclass2&tclass3val=0　最終閲覧日：2024年12月22日）
- 有田秀穂「スキンシップと団欒はオキシトシンを介してストレスを解消させる」『国際生命情報科学会誌』33巻1号、p.96、2015.
- 子ども家庭庁「乳幼児突然死症候群（SIDS）について」（https://www.cfa.go.jp/policies/boshihoken/kenkou/sids　最終閲覧日：2024年8月27日）
- 政府広報オンライン「SIDS（乳幼児突然死症候群）から赤ちゃんを守りましょう」（https://www.gov-online.go.jp/prg/prg3980.html　最終閲覧日：2024年8月19日）
- 厚生労働省「保育所保育指針」2017.
- 厚生労働省「幼保連携型認定こども園教育・保育要領」2017.
- 神山潤監、睡眠文化研究所編『子どもを伸ばす「眠り」の力――ココロ、からだ、脳をイキイキさせる早起き早寝の科学と文化』WAVE出版、2005.
- 日本小児保健協会「Ⅵ．平成12年度調査成績表」『平成12年度　幼児健康度調査報告書』2001.（https://plaza.umin.ac.jp/~jschild/book/pdf/report_2000_6.pdf　最終閲覧日：2024年8月4日）
- 平井美穂・神川康子「子どもたちの生活リズムとその問題点」『富山大学教育学部研究論集』No.2、pp.35-42、1999.
- 内田直『おもしろサイエンス　安眠の科学』日刊工業新聞社、2013.
- 徳永幹雄・橋本公雄・高柳茂美「健康度と生活習慣から見た健康生活パターン化の試み」『健康科学』15巻、九州大学健康科学センター、pp.29-38、1993.
- 岩田力・細井香『子どもの保健――健康と安全 第2版』光生館、2022.
- 亀井雄一・岩垂喜貴「子どもの睡眠」『保健医療科学』61巻1号、pp.11-17、2012.

第8章

インクルーシブ保育と健康

本章のねらい

インクルーシブ保育とは、すべての子どもが、年齢や性別、身体的・精神的な違いにかかわらず、平等に教育や保育を受けることができる環境を提供する保育のことです。子ども一人ひとりの健康状態や背景を把握し、柔軟に対応する姿勢の重要性を理解し、さらに、発達上つまずきのある子どもや家庭養育上困難を抱える子ども、外国につながる子どもの個別のニーズを理解することの大切さを理解しましょう。また、保育者だけでなく、医療、福祉、教育の専門家などと連携しながら、子どもの健康を包括的に支える方法を学び、多職種連携や協働支援について理解を深めます。さらに、家庭の不安定さからくるストレスや異文化での生活に伴うストレスなどを配慮し、安心して学べる環境を整える方法について理解します。

学習のポイント

- 発達上つまずきのある子どもに対する健康支援の多様性を理解し、専門家や保護者と連携しながら子どもの健康と発達を支えるための仕組みを理解しましょう。
- 家庭養育上困難を抱える子どもの基本的健康の確保や、地域資源を活用した子どもの健康に及ぼす悪影響を軽減する方法を理解しましょう。
- 外国につながる子どもの文化的背景を理解し、言語の壁が原因で健康面の問題が見過ごされないように、かつ、多文化共生の視点から、子どものアイデンティティを尊重したサポートについて考えてみましょう。

> **学習の準備**
>
> 「インクルーシブ教育」という言葉が初めて示されたのは、1994年にユネスコとスペイン政府がスペインのサラマンカで開催した「特別ニーズ教育世界会議」で採択された「サラマンカ宣言」であったといわれています。インクルーシブ教育を保育の世界に応用したものが、「インクルーシブ保育」といえるでしょう。本章では、発達上つまずきのある子どもや家庭養育上困難を抱える子ども、外国にルーツのある子どもという特別な教育・保育ニーズのある子どもに焦点を当て、健康と関連づけながら学んでいきます。実習の現場には、多様な子どもたちがいることを踏まえ、どのような保育を展開することが望ましいか考えてみましょう。

第1節 発達上つまずきのある子どもとのかかわり

❶ 発達上のつまずきとは

1. 発達とつまずき

　発達とは、どのようなことを意味するのでしょうか。広辞苑によれば、心理学や教育学で使う発達とは、「個人が時間経過に伴ってその身体的・精神的機能を変えていく過程であり、成長と学習を要因として展開される」とされています。つまり、生後3か月頃になると首がすわる、1歳頃になると歩き始める、2歳頃になると二語文を話すようになるなど、心身の成長を意味します。皆さんも乳幼児期の発達の目安となる表などを目にしたことがあるでしょう。それらは、あくまでも目安であり、個人差があります。子ども一人ひとりの環境や性格、かかわりなどによっても違ってくるものです。

　それでは、発達につまずきがあるとはどのようなことなのでしょうか。年齢を重ねても歩き出さない、言葉が出ない、友達と遊ぶような年齢になっても一人でしか遊ばない、または、衝動的に危険なことをしがち、生活習慣が身につかないなどを指します。保育の世界では「気になる子」と表現されたりもします。定型発達とは異なる、または気になる点や遅れている点などが子どもにみられる場合、それを発達のつまずきと呼んだりします。

2. 国際機関による発達上つまずきのある者への動向

　国際機関が障害について初めて分類したのは、1980年にWHO（世界保健機関）によって制定された国際障害分類（ICIDH）です。それによると、障害は、①機能・形態障害、②能力障害、③社会的不利の三つのレベルに分類されました。ICIDHは、障害を構造的に把握する仕組みを示した画期的なものでしたが、障害を個人のものとしてとらえ、健康状態を過大に焦点化しマイナス面に着目する「医学モデル」であるという批判もありました。また、「医学モデル」は、環境の影響も一部しか考えられていませんでした。その後、ICIDHの改訂版として、2001年に国際生活機能分類（ICF）が採択されました。

　ICFで示された分類は、障害や病気など特定の人のためのものではなく、「すべての人」に対する「生活機能」のレベルとして、①心身機能・身体構造、②活動、③参加を挙げています。また、その「背景因子」（環境因子と個人因子）も導入され、その人をとりまく物的・人的な環境（環境因子）や、その人固有の特徴（個人因子）が影響を与え合うという考え方をしています。ICFは、「医学モデル」と「社会モデル（障害を個人の特性としてではなく、社会によって作られた問題とみなすモデル）」を統合した「統合モデル」ということができます。

図 8-1　ICIDH（国際障害分類）とICF（国際生活機能分類）

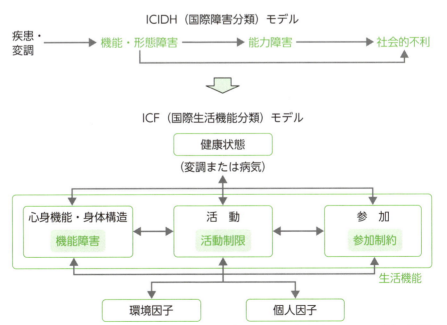

出典：厚生労働省『ICF（国際生活機能分類）――「生きることの全体像」についての「共通言語」』pp.3-6を一部改変（https://www.mhlw.go.jp/stf/shingi/2r9852000002ksqi-att/2r98520000002kswh.pdf）

3. 発達上つまずきのある子どもへの支援と
インクルーシブ保育

　保育所や幼稚園等で、発達上つまずきがある、または「気になる子」といわれるようなグレーゾーン（発達障害の特性や発達障害の診断基準であてはまる項目があるものの確定診断には至らない状態）の乳幼児には、どのような支援体制があるのでしょうか。こども家庭庁には、「障害児の健やかな育成を支援するため、障害児およびその家族に対し、障害の疑いがある段階から身近な地域で支援できるよう地域支援体制の構築を図るとともに、地域の保健、医療、障害福祉、教育、就労支援等の関係機関が連携し、切れ目のない一貫した支援を提供する体制の構築に取り組む」とし、地域のなかでの支援や関係機関の連携、乳幼児期から就学期、成人期へと切れ目のない一貫した支援体制を作ることを目指しています。

　具体的に、就学前の発達上つまずきのある子どもの支援は、保育所や幼稚園のほか、児童発達支援や障害児通所支援（児童福祉法第6条の2の2第1・2項）の利用が挙げられます。発達支援等と保育所や幼稚園との併用をしている子どももいます。また、保育所や幼稚園に通いながら、保育所等訪問支援（児童福祉法第6条の2の2第5項）を受けている場合もあるでしょう。

　近年では、発達上のつまずきがある子どもも特別な支援を受けるのみならず、インクルーシブ保育を受けている場合が多いのです。保育所や幼稚園でさまざまな子どもとかかわったり、体験するなかで成長を促すことが期待されています。

　幼稚園教育要領と保育所保育指針の障害のある子どもの保育や指導についてみていきましょう。どちらも個々の発達に配慮しながら集団のなかで生活をともにすることでの成長を促していくこと、また、関係機関との連携や個別の支援計画を作成することが強調されています。

幼稚園教育要領
第3章　第1—2（2）

> 　障害のある幼児の指導に当たっては、集団の中で生活することを通して全体的な発達を促していくことに配慮し、特別支援学校などの助言又は援助を活用しつつ、例えば指導についての計画又は家庭や医療、福祉などの業務を行う関係機関と連携した支援のための計画を個別に作成することなどにより、個々の幼児の障害の状態などに応じた指導内容や指導方法の工夫を計画的、組織的に行うこと。

保育所保育指針

第1章　総則　3　保育の計画及び評価　(2) 指導計画の作成　キ

> 　障害のある子どもの保育については、一人一人の子どもの発達過程や障害の状態を把握し、適切な環境の下で、障害のある子どもが他の子どもとの生活を通して共に成長できるよう、指導計画の中に位置付けること。また、子どもの状況に応じた保育を実施する観点から、家庭や関係機関と連携した支援のための計画を個別に作成するなど適切な対応を図ること。

　発達上つまずきのある子どもの健康状態はどうでしょうか。2023年9月のWHOの報告によると、発達障害のある子どもたちは、「汚名、偏見、社会的排除を経験」していたり、「ヘルスケアにアクセスする際に障壁に遭遇し、同世代の人々と比較して、より質の低いケアを経験」しているといわれています。

　「障害児支援における安全管理等に関する調査研究報告書」(こども家庭庁、2024年) によると、主に幼児が通っている児童発達支援センターや児童発達支援事業所などでの重篤な事故は、「食事中の誤嚥や窒息、自らの転倒・衝突、遊具・窓等からの転落・落下、アナフィラキシー・アレルギー等」、また「自らの転倒・衝突、こども同士の衝突、他児からの危害、玩具・遊戯施設・設備の安全上の不備等」が挙げられ、事故が起こりやすい状況にあることが指摘されています。事故は、どの子どもにも起きる可能性はありますが、特にそれぞれの発達上の課題や興味関心、行動の傾向などを把握し対応する必要があるといえるでしょう。

❷ 事例を通して考えてみましょう

　発達上つまずきのある子どもは、実習などに行くとクラスに数人いることがあると思います。その一人ひとりが違う特性をもっており、どのようにかかわればよいのか迷うこともあるでしょう。以下の事例を読み、考えをまとめてみましょう。

> **事例 8-1**
>
> 　実習生Aさんは、保育所実習で3歳児クラスに配属されています。ある日、自閉症の疑いのあるBくんを中心にかかわるよう言われました。Bくんは、言葉でコミュニケーションをとることが困難で、時々みんなと離れて図書コーナーに行ってしまいます。電車が好きなBくんは、この日もAさんの手を引いて図書コーナーで電車ごっこを楽しみました。発達につまずきのある子ども

> と初めてかかわったAさんが驚いたことは、Bくんが一方的に「がたんがたん、電車が来まーす」「次は○○駅です」と、まるで一人で遊んでいるかのようだったことです。それでもAさんは、「降りまーす」「次の駅はどこですか？」など途中で話しかけました。しかし、Bくんは、Aさんがいないかのように、「出発しまーす」と言って遊んでいます。

演習課題

❶ ASD（自閉スペクトラム症）の子どもの特徴をまとめてみましょう。

　※ASDとは従来、自閉症、アスペルガー症候群、広汎性発達障害など診断名が分かれていたものが、2013年に刊行されたアメリカ精神医学会が発行した「精神疾患の診断・統計マニュアル」第5版『DSM-5』以降は境界なく連続したものととらえられるようになり、「自閉スペクトラム症」（ASD）という診断名として採用されることになりました。

❷ Bくんの健康上の課題やリスクを考えてみましょう。

❸ このような状況で実習生のあなたは、Bくんにどのようにかかわるでしょうか。自分の意見をまとめ、グループで話し合ってみましょう。

第2節　家庭養育上困難を抱える子どもとのかかわり

❶ 家庭養育上困難を抱える子どもとは

1. 家庭養育上困難を抱える子ども

　こども家庭庁によると、「社会的養護とは、保護者のない児童や、保護者に監護させることが適当でない児童を、公的責任で社会的に養育し、保護するとともに、養育に大きな困難を抱える家庭への支援を行うこと」と定義されています。保護者のない児童や虐待されている児童は、児童福祉法上「要保護児童」と規定されています。

　家庭養育上困難を抱える子どもは、このような「要保護児童」ということができ、保護者の養育が困難な場合には子どもを社会的に養育し、その家庭も支援する「社会的養護」という仕組みを活用することができます。なお、国が示す社会的養護の理念は、①子どもの最善の利益のために、②社会全体で子どもを育むの

二つです。

近年、児童虐待、子どもの貧困など子どもをめぐる社会問題がクローズアップされています。その背景には、働いても十分な賃金を得ることができず、十分に暮らしを維持できなかったり、孤独な子育てや地域の希薄化などが挙げられます。児童虐待や子どもの貧困は、教育格差や体験格差などにつながり、その結果、子どもの心身の発達に影響が出ることもあります。

OECDの調査によると、日本の貧困率は、先進国のなかでも高い数値となっています。厚生労働省の調査によれば、日本の貧困線は2021年では127万円となっており、2015年にOECDが改訂した所得定義の新基準に基づいた子どもの相対的貧困率は11.5％でした。約9人に1人の子どもが貧困状態にあり、子どもがいるいわゆるひとり親世帯の貧困率は44.5％と約半数弱が貧困状態にあるといえます。

2. 家庭養育上困難を抱える子どもや家庭を支える

保育者は、このような子どもや家庭の生活状況を知り、保育所や幼稚園等で子どもの変化や服装、身体の状況、また保護者の様子を気にかけることが大事です。例えば、子どもの服装が著しく汚れていないか、またはお風呂に入っていないような状況にないか、体にあざや傷などはみられないか、保護者に疲れているような姿はみられないか、子どもとのかかわりに不自然な姿はみられないかなどです。

このような兆候は、養育の困難さ、何らかの養育上の課題を抱えている場合のサインです。乳幼児期の子どもは特に家庭の環境に影響されやすいため、自分で困難さに気づいたり、それを第三者に伝えたりすることは困難だといえるでしょう。そのため、子どものなにげない一言や様子に保育者が気づき、子どものニーズを受け止めたり、保護者と話をしてみるなど、子どもやその家庭の現状を把握し、必要であれば関係機関につなげるということも保育所や幼稚園等で期待されている機能の一つです。子どもに一番身近な保育所や幼稚園等は、さまざまな家庭環境の子どもが通っていますが、保育者は、多くの子どもとかかわるなかで、養育上困難を抱え支援が必要な子どもや家族と接すること、またその結果、何らかの働きかけが可能であり、保護者自身が問題を解決する一助になり得ることもあります。

❷ 家庭養育上困難を抱える子どもと健康

「子どもとその養育者への健康生活支援における行動変容に関する調査研究事業報告書」（厚生労働省、2021年）によれば、経済的にゆとりのない暮らしを送る家庭の子どもたちの生活習慣および食習慣は適切でない場合が多く、虫歯や肥満などの健康上の影響が出ていることが従来から指摘されており、生活困窮世帯の子どもは、「要医療であるのに受診していない」が9割、家庭については「部屋が散らかっている、ゴミが多い、悪臭がする」が8割ほどであったという結果が出ています。また、「表情が乏しい・服装や髪形が崩れている」が7割以上であり、その他、健診や予防接種を受診していない、入浴・歯磨きの習慣がない、三食食べる習慣がないなどの基本的な生活習慣等への課題のある家庭も一定数あるという報告がされています。

乳幼児期の子どもの基本的な生活習慣の確立は、その後の健康習慣への影響や発育発達過程の子どもの心身にも影響するため、日々の子どもたちの健康観察や手洗い・歯磨き指導といった生活習慣の確立に向けた支援のほか、例えば、園でのお便りやポスター等で生活習慣の大切さや病気の予防等について知らせるなどの工夫、子どもたちに向けた健康に関する絵本の読み聞かせなどを行うのが効果的でしょう。

❸ 事例を通して考えてみましょう

家庭養育上困難を抱える子どもやその家族があなたの身近にいるかもしれません。以下の事例を読み、考えをまとめてみましょう。

事例 8-2

4歳児クラスで実習を行っているAさんは、クラスでBちゃんという子どもが気になっています。Bちゃんは、よくおしゃべりをする活発な女の子ですが、園を休みがちで洗濯をしていなさそうな洋服で登園します。実習中盤でAさんは、クラスのみんなが大好きな動物園に関する絵本の読み聞かせをすることにしました。「この間、動物園できりんをみたよ」「私はふれあいコーナーでうさぎにえさをあげた」などと言うほかの子に対して、Bちゃんは、「動物園には行ったことがないよ、行ってみたいな」と言っていました。また、「先生はパパはいる？ 私はママとお姉ちゃんの3人家族だよ。時々、ママは夜までずっとお仕事だから、夜はお姉ちゃんと二人でお留守番して寝てるよ」と家での様子も話してくれました。

> **演習課題**
> ❶ 児童虐待の四つの定義を挙げ、それぞれの具体例をできるだけ多くまとめてみましょう。
>   例）身体的虐待……殴る、蹴るなど
> ❷ Bちゃんや家庭の課題を想像し、グループで話し合ってみましょう。
> ❸ Bちゃんの言葉に対して、あなたはどのように受け止め、かかわりますか？　また、Bちゃんの「健康」上の課題はどのようなものだと考えますか？　自分の意見をまとめ、グループで話し合ってみましょう。

第3節　外国につながる子どもとのかかわり

❶ 外国につながる子どもとは

1. 外国につながる子ども

　「外国につながる子ども」とは、両親、または、どちらかが外国出身者である子ども、外国で生まれ育った日本人などを指す言葉です。ほかにも「国際児（民族的・文化的背景をもつ子ども：International Children）」「CLD児（文化的・言語的に多様な背景をもつ子ども：Culturally Linguistically Diverse Children）」「海外ルーツの子ども」「帰国・渡日の子ども」などさまざまな表現が使われています。そのなかでも、両親、または、どちらかが外国出身者である子どもを「外国にルーツのある子ども」「外国にルーツをもつ子ども」と呼びます。

　そして、外国にルーツのある子どもは、「外国籍」「多重国籍」「無国籍」「外国出身の保護者と暮らす子ども」などであることが考えられます。

2. 外国につながる子どもと健康

　「外国にルーツがある子ども」といっても一人ひとり、その状況はさまざまであり、数々の問題を抱えている場合があります。なかでも健康面の問題点は究極には、生きることの問題であるともいえます。例えば、食べること、生活習慣、危機管理、運動など「保育内容『健康』」に含まれる内容は、暮らしのなかの課題であるわけです。

1) 食べ物

　外国にルーツがある子どもの健康面での最初の問題は、「食」に関することでしょう。例えば、初めて日本に来た者が、1枚の「海苔」を目の前にして食べ物に見えるでしょうか。また、「納豆」を食卓に置かれたら、腐っているのではないかと思うかもしれません。しかし、日本では、海苔も納豆も健康食品としての認識をもつ人は多いでしょう。この類のトラブルなら身の危険を感じるものではありませんが、ワサビをアボカドと間違えて口に入れてしまったり、さらには、乾燥剤を振りかけて食べてしまったり、入浴剤を顆粒スープの素と間違えて湯に混ぜて飲んでしまうなどのケースもあります。食べ物に関するトラブルは、直接的かつ瞬時の出来事が多いので、細心の注意を払うべきです。

2) 会話

　次に挙げるのは、「言葉の理解」についてです。周りの人の話す言葉が理解できずに、自分の話す言葉も通じない状況を想像してください。その個人にとって、どんなに大きな問題か、どんなに大きなストレスにさらされているか容易にわかることでしょう。実際に「外国にルーツがある子ども」の研究も「言葉の獲得」に関するものが多いようです。言葉の獲得は、幼児期だけの問題ではなく、就学時、高校受験時、就職時などキャリアの視点からも重要です。外国籍の子どもは特別支援学級の在籍率が高いという調査結果があるのですが、発達障害があるのか、機能的な問題ではなく言葉の問題などを抱えているのか判断するのは難しいことでしょう。そこで、日本で暮らす子どもは、将来的な見通しをもちつつ生活のなかで言葉を獲得していくことが大切です。日本語で生活することは、日本社会の理解にもつながることでしょう。日本語を話す保育者や友達のいる園生活を通じてこそ、日本の言葉や習慣が身についていくのです。例えば、日本語では、「車が来る、危ない」のように身に迫る危険を表す直感的警告としての「危ない」や、「その話は危ない」のように不安や不確実の表現としての危ない、「遅刻しそうで危ない」のように失敗の可能性を意味する危ないなど文脈や状況で「危ない」ことの解釈をします。国や文化によって、「危険」に対する反応や解釈も変わります。先に治安や災害に関する「危ない」をイメージする場合がありますし、「気をつけて」のような表現が主流である場合もあります。

　日本では、幼少期から危険を避けるために「危ない」という言葉は頻繁に使われるため、文脈や場面に応じて、その意味を柔軟に読み取ります。

　言葉の意味だけでなく、状況が瞬間的に正しくわかるような感覚が身につくことを目指していきましょう。その度合いや状況が瞬間的に正しくわかるよう目指

しましょう。

　乳幼児を育てる外国人保護者の悩みも、言葉によるコミュニケーションの難しさが挙げられます。もちろん、それだけではなく、習慣の違いや、日本特有の文化に戸惑う外国人保護者も多いでしょう。日本は、ハイコンテクストな文化です。暗黙の了解や行間や空気を読むという、言葉で表してないものを理解する、つまり、「以心伝心」「あうんの呼吸」ということです。この状況は、多くの日本人が生活上の共通認識をもち、察することができるからでしょう。一方、ローコンテクストな文化もあります。知識や文化の理解がなくても、はっきりと言葉で表すので、シンプルでわかりやすいコミュニケーションスタイルです。多様な文化や民族、言語をもつ人々がともに暮らす地域では、言葉で明確に伝えることができれば、行き違いや勘違いが起きにくいです。園では、そのような文化圏のコミュニケーションスタイルをもった保護者が日本で戸惑うことのないように配慮することも大切です。当事者に聞いたところ、「変な人と思われながら過ごすしかないのかと思いましたが、1対1のときは、ペンと紙で丁寧に説明して理解してもらうようにしました。どのように伝えればわかってもらえるのかいつでもシミュレーションしていました」と語っていました。丁寧に伝えようとするとは、保育者側にもいえることで、保護者にわかってもらえるよう伝えること、保護者が伝えようとしていることを理解しようとする構えを保つこと、この双方の姿勢のあり方で精神的なストレスは軽減されていくことでしょう。

表8-1　比較のポイント

	ハイコンテクスト	ローコンテクスト
情報の伝達方法	文脈や背景を重視	明確で直接的な表現を重視
文化の特性	集団主義や長期的な関係が根付いた文化に多い	個人主義や短期的な関係が多い文化に見られる
コミュニケーションの特徴	非言語的コミュニケーションを多用	言葉を通じて論理的に伝えることを重視

　時には、専門的な機関に頼ることも必要かもしれません。以下に多言語の活動をしている社会資源（施設）を並べます。これらを保護者にお伝えすることをお勧めいたします。

・帰国・外国人児童生徒教育のための情報検索サイト"かすたねっと"
・多言語医療問診票

- 災害時の多言語支援情報サイト
- 多言語情報提供サービス
- 多言語支援センター

次に習慣や文化の違いを取り上げてみましょう。例えば、習慣の違いです。日本では、乳児のピアスはあまりなじみがありませんが、国によっては、宗教上の意味があったり、女児に装着する習慣があったりします。日本では、一般的に指輪やネックレスなどの装飾品は、保育や運動時は危険であると考えられます。皮膚や服に引っかかることで、けがをしやすいからです。また、イヤリングやピアスは乳児の誤飲や金属アレルギー発症の原因になることが考えられるからです。現在のところ、保育者の勤務中のそれらの装着は難しいと考えられますが、園児の装着については、集団保育の観点と個人の多様な考え方との間で論じられる問題です。施設の総合的な判断も求められることになります。

最後に、幼稚園教育要領に記述された海外から帰国した幼児等の幼稚園生活への適応について示します。

幼稚園教育要領

第1章　第5—2

> 海外から帰国した幼児や生活に必要な日本語の習得に困難のある幼児の幼稚園生活への適応
> 　海外から帰国した幼児や生活に必要な日本語の習得に困難のある幼児については、安心して自己を発揮できるよう配慮するなど個々の幼児の実態に応じ、指導内容や指導方法の工夫を組織的かつ計画的に行うものとする。

❷ 事例を通して考えてみましょう

事例 8-3

マイクロアグレッション

　降園時の保育園での出来事です。A君は、迎えに来たお父さんに、最近入園してきたクラスが違うB君のことを伝えようとしました。B君を指さして、「あの子、外人なんだよ」と言いました。A君のお父さんは、「そんなこと言ったらかわいそうだから言っちゃダメだよ」と言いました。その会話は、B君にも聞こえました。するとB君は、A君とA君のお父さんのそばへ行き、胸を張るような姿勢で両腕を腰に当て「外人は大臣！」と言って走って行ってしまいました。ちょうどB君を迎えに来たB君のお母さんは、その場面を見ていました。

※ B君のお父さんは外国出身です。B君の髪質も皮膚の色も一般的な日本人のイメージとは違います。お母さんは日本人で、B君は日本で生まれ育った日本国籍の子どもです。

ここで、言葉の意味を確認していきましょう。
・マイクロアグレッション（Microaggression）：自覚なき差別や小さな攻撃性のことです。アフリカ系アメリカ人に対して行われる見下しに対して、1970年にチェスター・ピアースによって提唱されました。2000年代には、デラルド・ウィン・スーによってさまざまな人種や障害者、性的少数者など人種だけでなく、その範囲は拡大して再定義されました。無意識の偏見は表面的には攻撃性がないので、受け手は「悪意はないのだろう」「過剰に反応し過ぎているのだろうか」と葛藤や当惑が起こります。

しかし、マイクロアグレッションが引き起こすストレスは、積み重なると健康に影響を及ぼす場合があるといわれています。
・外人：「外」の人であり、仲間ではない人というニュアンスをもちます。
・ハーフ：半分という意味合いから、マイナスなイメージがあります。また、ハーフは外国人という見方をされたり、外国人として認識されていることが多い言葉です。ハーフだから運動神経が良い、ハーフだから歌がうまいなどの先入観から、本人の努力や才能を認められにくいことがあります。
・出入国在留管理庁による『外国人との共生に関する意識調査（日本人対象）』（2023年）によると「誰かを外国人と認識する場合、重視する点」は、「日本語能力のつたなさ」（44.6％）、「見た目、身体的特徴」（39.6％）、「日本社会、文化への理解不足」（37.7％）、「国籍」（34.3％）、「出身国」（23.6％）が上位5項目となっています。約4割の回答があった見た目や身体的特徴ですが、見た目は外国人のようであっても、生まれも育ちも日本である日本国籍の人はいます。一方、日本人と変わらない見た目や身体的特徴であっても外国籍の人もいます。

演習課題

❶ 自分の生活を振り返って、思い込みから生まれる「日常生活で受けるあからさまではない差別的発言」について述べましょう。自分の直接的な体験、または、見聞きしたことを述べましょう（例えば、「女性なのに大学院まで進学したんだってね」「○○さんは、ハーフなので英語を話せますよね」など）。

❷ その人の出身や属性、自分で選択できないものなどに対するマイクロアグレッ

ションの例を挙げましょう（例えば、日本で生まれ育ったミックスルーツの方に「日本語、お上手ですね」と言うなど）。

学習のまとめ

1．発達につまずきがある子どもに起こりやすい事例をあげ、その理由を考えましょう。
2．家庭養育上困難を抱える子どもに指摘されている健康上の問題点を挙げ、その理由を考えましょう。
3．外国につながる子どもの精神的なストレスが起こる原因をいくつか挙げ、その解決方法を考えましょう。
4．インクルーシブ保育でよりどころになる考え方について、グループで話し合いましょう。その際、以下の言葉の意味を確認しましょう。
・インクルージョン　・ダイバーシティ　・多文化共生　・異文化理解

参考文献

- 出入国在留管理庁「外国人との共生に関する意識調査（日本人対象）報告書（概要）」2023．（https://www.moj.go.jp/isa/content/001416008.pdf　閲覧日：2024年12月25日）
- 内田千春『外国につながる子どもの保育とクラスづくり――心と言葉を育む多文化保育』中央法規出版、2024．
- 五十嵐淳子編著、井原淑雅・岡村泰敬他『多文化理解・国際理解への学び――多様性の尊重を目指して』大学図書出版、2019．
- 文部科学省「外国人幼児等の受入れにおける配慮について」2020．（https://www.mext.go.jp/content/20200306-mext_youji-000005738_01.pdf　閲覧日：2024年9月10日）
- 「保育園・幼稚園での外国につながる園児・保護者受け入れガイドブック」かながわ国際交流財団、2024．（https://www.kifjp.org/child/wp-content/uploads/2024/01/enji0330.pdf　閲覧日：2024年8月31日）
- 『げ・ん・き』第201号、エイデル研究所、2024．

第 9 章

遊びと健康

 本章のねらい

本章では、遊びについての考えを深めるとともに、遊びがもつ役割とその教育的意義を学びます。子どもを取り巻く環境の変化を知り、子どもにとって、望ましい遊び時間とはどのような時間なのか、どのようなかかわり方が必要とされているのか自身の考えを導きます。子どもの身近な存在である遊具・道具の使用方法を知り、それらを用いた運動遊びの実践方法とその理論を学び、実践の機会に結びつけていきましょう。

 学習のポイント

- 遊びについての考えを深め、遊びがもつ役割とその教育的意義を考えます。昨今における子どもを取り巻く環境の変化を知り、子どもにとって必要とされている遊び時間を学びましょう。
- 遊びと遊具の関係性を学び、それぞれの特徴とそれらを用いた実践方法を学びましょう。
- 戸外遊びの魅力に触れ、固定遊具の活用方法とその留意点を学びましょう。

学習の準備

これまでの遊びの機会を振り返ってみましょう。それぞれの年代で、遊びのあり方、意味合いは変化してきたのではないでしょうか。
子どもの健やかな心身の発育・発達において、遊びは、重要な役割を担っています。本章では、子どもにとって遊びはどのような役割を果たしているのか、その役割と教育的意義を考えます。遊びの魅力と可能性に触れ、理論と実践方法を学びましょう。

第1節 遊びとは

❶ 遊びの定義

　皆さんは、遊びという言葉を聞くと、どのようなことを連想するでしょうか？　大人にとっての遊びとは、趣味や娯楽、快楽を得ることや、ストレス発散、余暇活動など、幅広く存在しています。

　それでは、子どもにとっての遊びとは一体何でしょうか。遊びに関しては、多くの理論が存在しています。遊びを論じたヨハン・ホイジンガは「人間の文化は遊びにおいて、遊びとして成立し発展した」と説明し、スペンサーは「エネルギーの剰余説」と述べました。アメリカの心理学者エリクソンは、子どもの遊びとは「大人の遊びに相当するものではない」、遊んでいる子どもは「あたかも大人が仕事をするときのように真面目に取り組む」と述べました。遊びとは、すなわち「子どもにひとつの小現実を提供し、子どもはそこで、玩具を用いて過去の諸経験を再体験し、あらゆる創造的儀式の特徴である積極性と反復性に従って、未来の役割と事象を先取りする」と説明しました。

　子どもの遊んでいる姿を観察すると、次のような光景が広がっていることでしょう。ブランコで遊んでいる子どもは「どうしたら勢いよく漕ぐことができるのだろうか」、砂場で遊んでいる子どもは「どうしたら大きい砂の山が作れるのだろうか」、鬼ごっこをしている子どもは「どうしたら捕まらないように逃げられるのだろうか」「捕まえることができるのだろうか」。このように、子どもは、遊びが楽しく面白いものになるのかを真剣に考えています。時には、友達と協力をすることで遊びが発展する機会もあるでしょう。

　子どもは、他者との関係性を築きながら、遊びを通じて、自主性、主体性、積

極性を身につけ、心と体を育みます。子どもにとって遊びとは、貴重な学ぶ機会であり、必要不可欠な学習の時間となっているのです。

図 9-1　夢中に遊んでいる様子

図 9-2　真剣に遊びを考えている様子

❷ 遊びを取り巻く環境と ICT 化

　近年の日本では、生活の利便化や都市化など、子どもを取り巻く環境が変化して、安心して遊ぶ環境は減少しています。生活様式の変化からも、運動の経験が不足していることに気づきます。例を挙げると、エスカレーターの発達により階段を昇り降りする機会は減り、ドアの押し引きや蛇口をひねるなどの動きも少なくなるなど、生活全般においても体を動かす機会は減少しています。

　また、核家族化の進行や共働き家庭の増加により、身近な大人が子どもと一緒に遊ぶ時間がとりにくくなったことも、体を動かす機会の減少の一因として考えられます。

　スポーツ庁の「令和 5 年度全国体力・運動能力、運動習慣等調査報告書」では、スクリーンタイムの増加が、体力に負の影響を及ぼしていることが明らかになりました。ICT（情報通信技術、以下、ICT）化の発達は、国を挙げての IT 国家戦略として策定されているため、今後どのように活用するかが重要になるでしょう。

　文部科学省は、ICT の普及を掲げ、新学習指導要領の改訂を行いました。この改訂により、情報活用能力は、言語能力などと同様に「学習の基盤となる資質・能力」と位置づけられたことで、教育課程全体で育成するものとなりました。保育現場もその影響を受け、幼稚園、保育所では、タブレット端末等を用いた教育が行われています。園では、園児の出席管理、登園降園の情報、園便り、保育日誌など、保護者との連絡手段の一つとしても活用され、今では、欠かせない道具になっています。

研究所と保育現場をネットで繋ぎ、オンライン遠隔運動遊びを実現させた実例研究[1]では、体育指導員が現場に行かなくても運動の機会が提供できることに加え、2020（令和2）年に世界的なパンデミックを引き起こした新型コロナウイルス感染症（COVID-19）の影響により、子どもの運動機会の減少が懸念されたことへの解決策の一つになりました。今後もICT化の加速が予測されるため、スクリーンタイム、タブレット端末の使用方法に関して、使用することすべてを悪ととらえず、上手に使いこなすべきであるといえるでしょう。

　子どもを取り巻く環境の変化が、運動機会の減少の要因となっていることは否めません。遊ぶ時間がなくなり、場所がなくなり、仲間もいなくなった子どもたち、そして生活環境が変わった昨今において、それらの問題に向き合い、いきいきと体を動かす機会を保障するのが大人の義務であり責任です。

❸ 遊びと子どもの身体活動量

　子どもが夢中になって遊ぶためには身体活動は欠かせません。身体活動とは、安静にしている状態より多くのエネルギーを消費するすべての動作のことを指します。身体活動は、大きく二つに分けられます。一つは、体力向上を目指し、体力を高める「運動」としての身体活動量です。もう一つは、家事や通学などに必要な「生活行動」としての身体活動量です。

　国内では、幼児の身体活動のあり方について、文部科学省は「幼児が様々な遊びを中心に、毎日、合計60分以上、楽しく体を動かすことが望ましい」とした幼児期運動指針を策定しました。また、日本体育協会（現・日本スポーツ協会）監修の『アクティブチャイルド60min.――子どもの身体活動ガイドライン』

図 9-3　運動・スポーツ・運動遊びをしている

図 9-4　お手伝い・登園・買い物している図

では「子どもは、からだを使った遊び、生活活動、体育・スポーツを含めて、毎日60分以上からだを動かしましょう」と提案されています。

国外では、WHOが5～17歳を対象に、「少なくとも1日60分以上の少し息が上がるくらいの中高強度な運動を毎日行う」ことを推奨しています。

以上のように、国内外問わず、幼児期からの身体活動の必要性が提唱されています。

子どもの頃の身体活動は、将来の健康状態に影響するため、子どもの頃の運動は大切だといえるでしょう（図9-5）。しかし、子ども自らが将来の健康を考え、自発的に身体活動を高めることは考えにくいです。では、子どもの身体活動の機会を日常生活のなかに取り入れるためには、誰がどう働きかける必要があるのでしょうか。それは、子どもの身近な存在である教育者・保育者・保護者です。子どもたちの身体活動の習慣化を目指し、子どもと運動するとともに、体を動かすことの楽しさを伝えていく必要があるでしょう。

図9-5　身体活動と健康の関係

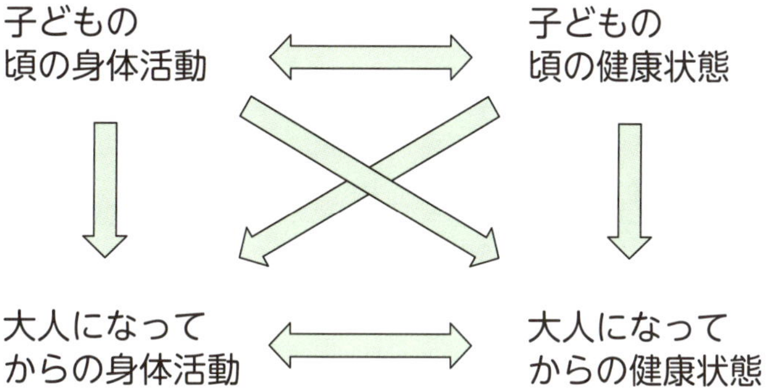

子どもの頃の身体活動 ⇔ 子どもの頃の健康状態
↓ ╳ ↓
大人になってからの身体活動 ⇔ 大人になってからの健康状態

出典：文部科学省「幼児期運動指針ガイドブック」(2012)を参考に作成

❹ 子どもの運動機会の実態

保育現場の運動機会に関して、その実践方法は多岐にわたります。運動の専門の先生が常駐している園、外部講師を派遣している園、保育者が運動遊びをしている園、自由遊びのなかで、運動の時間を確保している園など、その実践方法はさまざまです。それでは、子どもにとって最もよい機会は一体どれなのでしょうか。

石沢[2]は、自由遊びの場面における子どもたちの身体活動の量を調査しました。その結果、普段の生活から、活発に過ごしている幼児の身体活動の量は多く、不活発に過ごしている幼児の身体活動の量は、少ないことを明らかにしまし

た。

　田中[3]は、一斉指導型の場面では、子どもたちの活動強度は高くなる一方、運動動作の出現頻度は少なくなる傾向があると述べています。廣木[4]は、一斉指導型は、普段の生活から不活発な子どもにとって、体を動かす貴重な時間になっていることを説明しています。また、一斉指導型の活動は、集団のなかで、約束を守ること、順番を守ることを学び、子どもたちの社会性や協調性を育むことにつながります。一人ひとりの子どもにとって貴重な時間になっているといえるでしょう。

　一斉指導型の懸念としては、器械体操のように一人ひとりが実践する内容の場合には、動いている時間よりも、待っている時間のほうが長くなってしまい、結果的に、座位時間が長くなるおそれがあります。

　教育者・保育者は、子どもたちの運動時間の過ごし方を考える際には、取り組む内容に加え、自由遊びと一斉指導型の両方をバランスよく取り入れることを考えることが、子どもの健やかな発育発達にとって重要といえます。

図 9-6　一斉指導型運動指導の様子

図 9-7　運動したくなるような環境設定をした様子

❺ 遊びと運動の考え方

　幼児期の運動機会は、身体的、精神的、情緒的、知的、社会的な発達を促します。そのため、日頃から楽しく運動をする習慣を身につけることはとても重要なことといえます。

　幼稚園教育要領における領域「健康」の内容の取り扱いには、「特に、十分に身体を動かす気持ちよさを体験し、自ら体を動かそうとする意欲が育つようにすること」と明記されています。子どもが意欲的に体を動かす機会を提供するにあたり、発達の特性を理解して行うことは重要なことです。

　幼児期運動指針を参考に、年齢ごとの発達の特性を**表 9-1**にまとめました。

表 9-1　年齢ごとの発達の特性

年齢	一般的な発達の特性
3〜4歳	・基本的な動きが未熟な初期段階から、日常の遊びの経験により、次第に上手になる。 ・体のバランスをとる動き、用具を操作する動きなど、多様な動きができるようになる。 ・心身の発達とともに、自分の体の動きをコントロールできるようになる。 ・より巧みな動きを獲得していく。
4〜5歳	・3〜4歳頃に経験した基本的な動きがさらに上手になる。 ・友達と一緒に遊ぶことに楽しさを見出し、多くの基本的な動きを経験するようになる。 ・全身のバランスをとる能力が発達し、用具を操作する動きも上手になっている。
5〜6歳	・無駄な動きや過剰な動きが少なくなり、より基本的な動きが上手になってくる。 ・走ってきて跳ぶことや、ボールをつきながら走るなど、基本的な動きの組み合わせができるようになってくる。 ・目的に向かって集団で行動したり、友達と協力したり、役割分担をして遊び、満足するまで繰り返し取り組むようになる。 ・工夫したりして遊びを発展させる。 ・全力で動くことにより心地よさを感じるようになる。

出典：文部科学省「幼児期運動指針」を参考に作成

　鬼ごっこやかくれんぼ、だるまさんが転んだなど、昔から親しまれてきた遊びを伝承遊びと呼んでいます。穐丸[5)]の、保育現場での伝承遊びの実施状況と、実態調査を明らかにした研究では、おおむね保育者の伝承遊びの認識は高く、実施率も高い数値であることが判明しました。一方で、年齢ごとの実施率を見ると、年齢の低い保育者よりも年齢が高い保育者のほうが伝承遊びの実施率が高いことが明らかとなりました。遊びを実践するためには、数多くの遊びを知り、そのうえで子どもの発育発達に沿った内容を実践する必要があるといえるでしょう。

表 9-2　保育者が選んだ伝承遊びベスト 10

順位	遊びの名称
1位	追いかけ鬼
2位	縄跳び
3位	ままごと
4位	花いちもんめ

5位	折り紙
6位	だるまさんが転んだ
7位	こま回し
8位	かくれんぼ
9位	渦巻きじゃんけん
10位	虫取り

出典：穐丸ら 2007 を参考に作成

> **演習課題**
> ❶ 身体活動量について説明してみましょう。
> ❷ 一斉型運動指導と環境設定をした運動機会の場面では、どちらのほうが、子どもの健やかな発育発達において望ましいか考えてみましょう。
> ❸ あなたが実際に経験してきた運動遊び、伝承遊びを 10 種類答えてください。また、そのなかから一つを選び、3 歳児に適した遊びの実践方法を考えてみましょう。

第 2 節　遊びと遊具

❶ 遊びと遊具の関係

　遊具には、遊びを発展させダイナミックにするということに加え、自分の想像のままに操作でき、発想力を豊かにする魅力があります。このことは、エリクソンが述べた、遊んでいる子どもは「物や人を支配するという新しい階段へ前進する」に相当するものです。

　園によって、園庭環境はさまざまですが、園庭には、教育的配慮の下、友達とかかわって活動を展開するために必要な遊具や道具があり、魅力的な環境だといえます。

　保育所保育指針における領域「健康」の内容には、「進んで戸外で遊ぶ」と示されています。内容の取り扱いには「自然の中で伸び伸びと体を動かして遊ぶことにより、体の諸機能の発達が促されることに留意し、子どもの興味や関心が戸外にも向くようにすること。その際、子どもの動線に配慮した園庭や遊具の配置などを工夫すること」と示されています。

子どもが安心・安全に伸び伸びと体を動かし、自ら進んで戸外で遊ぶためには、園庭遊具の特徴を理解し、適切なかかわりができるよう環境面の準備をする必要があります。本節では、遊具を大型遊具、小型遊具、戸外でよく見られる固定遊具の三つに分類し、それぞれの特徴と遊び方を学びます。

図 9-8　鉄棒で遊んでいる様子

図 9-9　ジャングルジムで遊んでいる様子

❷ 大型遊具と小型遊具の特徴

　大型遊具は、それぞれの遊具を組み合わせることで、難易度の調節や空間や場所に応じて形を変化させることができます。本節での大型遊具は、積み木、巧技台、平均台、マット、跳び箱とし、表 9-3 にまとめました。

　小型遊具は、ボール、布、縄、フープ、三輪車に加え、ビニールひもや新聞紙などの身近な素材のことを指し、表 9-4 にまとめました。

　大型遊具は、一人で持ち運ぶのが困難な物もあるので、取り扱いには十分に注意をする必要がありますが、危険性を理解できれば、友達と力を合わせて運ぶことも経験できます。運動面では、跳んだり転がったりと、全身を動かす遊びになることはもちろん、置き方や組み合わせによって、子どもは多様な動作の経験や、さまざまな遊びを生み出すことにもなります。

表 9-3　大型遊具の種類と特徴　　　　　　　　　　　　　　［　　　］：運動動作

遊具	特徴
積み木	・形の知育玩具として使い、積む、並べる、組み合わせるなどをして楽しむ遊び。 ・集中力、創造性、巧緻性、問題解決能力や空間認識能力など、諸機能の発達を促す。
巧技台	・木製の箱、はしご、ビーム（平均台）、滑り台などのパーツを組み合わせて楽しむ遊び。 ・「登る・よじ登る」「乗る、跳び乗る」「降りる」「渡る」「もぐる」などの動きを引き出すことができる。
平均台	・バランス感覚を養いながら「立つ」「歩く」の動作の経験ができる。 ・集中力や注意力を鍛えることができる。
マット	・前転や後転など、さまざまな種類の「回る」の動きが経験できる。 ・マットの両端から押し合う、引き合うことで、「押す」「つかむ」「引く」の動きを経験できる。
跳び箱	・手足の力を養うことができる。 ・力の使い方を知ることができる。 ・高所を経験できる。

表 9-4　小型遊具の種類と特徴　　　　　　　　　　　　　　［　　　］：運動動作

遊具	特徴
ボール	・「投げる」「捕る」「蹴る」「突く」の動作の経験ができる。

布（ティッシュ）	・物の落下の軌道を読むことができ、空間認知能力を育むことができる。
スカーフ	・「持ってみる」「つかんでみる」「なでてみる」の感触遊びを経験することができる。 ・物の落下の軌道を読むことができ、空間認知能力を育むことができる。
縄	・「跳ぶ」「振る」「回す」の動作の経験ができる。 ・長さや素材によって、動きの種類やバリエーションを増やすことができる。
新聞紙	・「丸める」「破る」というような手先を使った運動の経験ができる。 ・「握る」「投げる」の動作の経験ができる。 ・物の落下の軌道を読むことができ、空間認知能力を育むことができる。
フープ（ラバーリング）	・移動範囲を制限することができ、室内外問わず遊びに活用できる。 ・ケンケンパなどの「跳ぶ」動作を通じて、リズム感覚を養うことができる。 ・自由に形を変えて遊ぶことができる。
ビニールひも	・「割く」ことで、指先の巧緻性を育むことができる。 ・しっぽ取り遊びのしっぽとして活用することができる。

第9章　遊びと健康

三輪車（自転車、スクーター）	・さまざまな種類の「漕ぐ」動作の経験ができる。
ラインカー	・遊びに応じた、形をつくることができる。

❸ 大型遊具と小型遊具を用いた運動遊びの実践方法

　大型遊具、小型遊具を用いた運動を実施する際、跳び箱は跳ぶもの、平均台は渡るものととらえず、さまざまなものに見立てることや、子どもの発想力や想像力を育むことも大切なことです。

　子どもたちが自発的に体を動かせるような環境設定を試み、複数の大型遊具を用いて、環境設定をするには、時間的にも人員的にも限界があるかもしれません。一つの遊び、一つの道具でどう遊びを広げられるかが重要です。

　人間は、遊びのなかで自身のスキルと、その取り組みの難易度がちょうどよいと夢中になります。この状態をフロー状態と呼び、「少し頑張ればできそう」を目指すことが夢中になって遊ぶために大切な視点です。

　例を挙げると、ボール入れをする際、入れる箱が近すぎると簡単すぎて、飽きてしまうかもしれません。反対に、箱が遠すぎるとあきらめて、飽きてしまうかもしれません。適した距離を見極めて行うことが目の前の子どもにとって、実りのある運動の機会になることでしょう。

表9-5　大型遊具・小型遊具を用いた運動遊びの紹介

大型遊具・小型遊具	＜遊びの名称＞・「留意点」	イメージ写真
マット	＜大根抜き＞ ①子（大根）はマットにうつ伏せになり、マットの端をつかみます。 ②抜かれてしまった子（大根）は修行（例：フープジャンプ）をして戻ってきます。 「留意点」 ①子ども同士で行う際は、子（大根）の足を引っ張る際、持ち上げた足をすぐに離さないようにします。 ②ズボンや靴を引っ張らないように声をかけます。	
新聞紙 （小型遊具：身近な素材）	＜爆弾ゲーム＞ ①新聞紙を丸めます。 ②上に投げる、投げて拍手をして捕るなどボール遊びにつながる運動を行います。 ③二つのチームに分かれます。 ④自チームの陣地から相手チームの陣地に向かって爆弾（新聞紙ボール）を投げます。 ⑤爆弾（新聞紙ボール）が自チームに少ないほうが勝ちです。 「留意点」 ①合図で投げるのをやめます。	

演習課題

❶ 大型遊具を用いた運動遊びを考えてみましょう。

❷ 小型遊具を用いた運動遊びを考えてみましょう。

❸ 身近な素材を用いた運動遊びを考えてみましょう。

第3節 戸外遊びと固定遊具の特徴

① 戸外遊びの魅力

　園の戸外には、園ごとに異なった特色があり、子どもたちの冒険心をかりたてる光景が広がっていることでしょう。その光景は、友達と遊ぶ姿、砂場で遊ぶ姿、遊具で遊ぶ姿と、子どもたちの様子はさまざまです。

　幼稚園、保育所、認定こども園には、原則として園庭が設置されています。そのため、園庭には子どもたちが伸び伸びと体を動かせるような固定遊具が設置されている園が多くあります。子どもは、その遊具の魅力に惹かれ、時間を忘れ、夢中になって遊びます。

　幼稚園施設整備指針には、「固定遊具等は、幼児期の心身の発達にとって重要な役割を果たすことを踏まえ、幼児数や幼児期の発達段階、利用状況、利用頻度等に応じ必要かつ適切な種類、数、規模、設置位置等を検討することが重要である」と記載されています。国土交通省の指針には、子どもの遊びの特徴に関して子どもが遊びを通して冒険や挑戦をすることは自然な行為であり、子どもは予期しない遊びをすることがある。また、子どもは、ある程度の危険性を内在している遊びに惹かれ、こうした遊びに挑戦することにより自己の心身の能力を高めてゆくと記載されています。

　以上のことから、園に通う子どもは、固定遊具に触れる機会が多くあることが推測されます。このことに加え、固定遊具がもつ危険性に惹かれ、遊びを楽しむことでしょう。都市部の園や地域によっては、近隣の公園遊具等を活用している場合もあります。いずれの場合でも、教育者・保育者が固定遊具の内在している魅力や危険性を知ることは、子どもが安心・安全に遊ぶために欠かせないことです。

図 9-10　戸外環境の様子

図 9-11　戸外環境における砂場の様子

❷ 固定遊具の特徴

本節での固定遊具は、滑り台、ブランコ、鉄棒、うんてい、登り棒、ジャングルジム、アスレチック、クライミング、砂場、平均台を指します。固定遊具には、それぞれに特有の特徴があります。その特徴を**表9-6**にまとめました。固定遊具で獲得できる代表的な運動機能としては、「体のバランスをとる動き」「体を移動する動き」です。また、固定遊具の遊びでは、順番を待つ、譲るという社会性を育むこともできます。

子どもが固定遊具で遊んでいる際、近くにいる大人は、子どもがけがをすること、あるいはさせることに対して過剰に心配をしてしまい、結果として、子どもの自発的な行動を規制してしまうおそれがあります。安全を確保したうえで、特徴と留意点を理解し、固定遊具を最大限に活用するようにしましょう。

表9-6　固定遊具の種類と特徴

固定遊具	特徴
①滑り台	・高い場所へ登ったという達成感と、自分が登った位置からスピード感をもって一気に滑り降りるスリリングな感覚を味わえる。 ・「登る」動作の経験ができる。 ・階段を登る際、背中、腰、足など下半身の筋力の向上が期待できる。 ・順番を待つ、譲るなどの社会性や協調性を育むことができる。
②ブランコ	・リズミカルに空中で浮遊することで、揺れる感覚を味わうことができる。 ・自らの体重によって振動が開始され、自分の意思で上下動のリズムを生み出し、振りを大きくしたり、小さくしたりと強弱を楽しみながら遊ぶことができる。 ・「漕ぐ」動作の経験ができる。
③鉄棒	・「ぶら下がる」「跳び上がる」「逆さになる」「回る」などの動作を通じて、自分の体を自由に動かすことができるようになる。 ・自分の体を支え、腕の筋力と姿勢を維持するバランス感覚を養うことができる。

④うんてい 	・「ぶら下がる」「渡る」動作の経験ができる。 ・握力、腕力、背筋、腹筋などの筋力を鍛えることができる。 ・ぶら下がった状態で自分の体重を支え、移動をするため、全身持久力を高めながらリズム感覚を養うことができる。
⑤登り棒 	・「登る」「降りる」動作の経験ができ、高所を味わうことができる。 ・足と手の協応性が養われる。
⑥ジャングルジム	・身体認識や空間認識を養うことができる。 ・下から上に登ること、横に移動すること、ぶら下がってバランス感覚を養うことなど、さまざまな動きが経験できる。 ・素早く移動することで瞬発力を身につけることができる。
⑦アスレチック 	・全身を使って「つかむ」「ぶら下がる」「渡る」「登る」などの動作を経験することができる。 ・握力や腕力、物と体との距離感を把握する力、バランス感覚や空間認識能力を育むことができる。
⑧クライミング 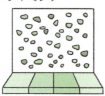	・岩場を模した壁で、さまざまな形のグリップを手がかり、足がかりにして、よじ登って遊ぶことができる。 ・「つかむ」「登る」動作の経験ができる。
⑨砂場 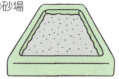	・異年齢の子どもと遊ぶことで、ルールやマナーを学び、社会性や協調性を育むことができる。 ・道具の貸し借りや何を作るかを友達と相談をしながら遊ぶことで社会性が育まれる。
⑩平均台 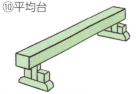	・「登る」「渡る」「またぐ」など、さまざまな動作の経験ができる。 ・ジグザグにしたり、高さをつけたりと、難易度を変えることで、バランス感覚や集中力が身につく。

❸ 戸外で遊ぶ際の工夫と配慮点

　戸外遊びの充実には、場所、遊具、道具が揃っていれば十分でしょうか。子どもには、一人ひとりの発育・発達の違いや好みがあります。遊び方を知らない子ども、友達とのかかわり方を苦手としている子ども、その姿はさまざまでしょう。そのため、教育者・保育者は、子どもが遊びたいと思える環境の工夫や誘いかけ、遊び方を紹介していくことが重要になります。

　園庭に、ラインカーで線を引くことで自然に遊びに発展し線鬼が始まることでしょう。フープでケンケンができる環境を整えることで、子どもは、登園した際に、「身支度を終えたらやってみよう」「楽しそうだな」という気持ちになり、心理的欲求を高めることにつながります。

　子どもの遊びを見守る際の配慮として、高所で見えづらい場所で遊ぶことや、危険が伴うことへの想定は入念に行う必要があります。大きな事故につながらないよう遊具や道具に不具合がないかを確認すること、遊具の死角にならないような立ち位置をとること、常に危険を想定しながら一緒に遊ぶことを心がけてください。

　異年齢の活動になると、年齢の上の子が、下の子に遊具の使い方や約束事を伝える場面も見られます。さまざまなねらいをもって、子どもにとって最も望ましい環境設定を考えていきましょう。

図 9-12　異年齢で遊ぶ様子

しっぽ取り遊びのしっぽ（ビニールひも）を入れている

図 9-13　保育者が遊具遊びを見守る様子

学習のまとめ

① 3歳児が遊びに夢中になると、滑り台で滑る順番や安全な使い方など、友達との間のルールが守れない子どもの姿が見られます。あなたは、どのように声をかけ、遊びを円滑に進めますか。

② 3歳児が、鉄棒を使った運動をやりたがっています。あなたは、その子どもに、どのように鉄棒の使い方を説明しますか。

引用文献

1) 宮田洋之・辻川比呂斗・熊倉拓巳ら「幼児を対象とした集団での遠隔運動遊び指導の方法――事例研究」『中京大学体育研究所紀要』第36巻第1号、pp.7-15、2022.
2) 石沢順子・佐々木玲子・松嵜洋子・吉武裕「保育中の活動場面による身体活動量水準の違い――活発な子どもと不活発な子どもの比較」『発育発達研究』第2014巻第62号、pp.1-11、2014.
3) 田中千晶・安藤貴史・引原有輝・田中茂穂「幼児の外遊び時間と日常の中高強度活動との関係および身体活動量の変動要因」『体力科学』第64巻第4号、pp.443-451、2015.
4) 廣木武士・岸秀忠・黒川優介・鈴木宏哉「幼児における体操教室と自由遊びの活動量の相違」『日本スポーツ健康科学誌』第9巻第1号、pp.1-7、2023.
5) 穐丸武臣・丹羽孝・勅使千鶴「日本における伝承遊びの実施状況と保育者の認識」『人間文化研究』第7号、pp.57-78、2007.

参考文献

・ホイジンガ、高橋英夫訳『ホモ・ルーデンス』中公文庫、2019.
・E. H. エリクソン、仁科弥生訳『幼児期と社会1』みすず書房、1977.
・ベネッセ教育総合研究所「第6回幼児の生活アンケート」2022.
・スポーツ庁「令和5年度全国体力・運動能力、運動習慣等調査報告書」2023.
・公益財団法人日本体育協会監、竹中晃二編『アクティブチャイルド60min.――子どもの身体活動ガイドライン』サンライフ企画、2010.
・World Health Organization, "Global recommendations on physical activity for health", 2010.
・日本レクリエーション協会『楽しさをとおした心の元気づくり――レクリエーション支援の理論と方法』2017.

第10章

地域の資源を活用した活動

本章のねらい

乳幼児の健康な育ちは、家庭、保育現場、地域社会といった子どもを取り巻くすべての環境（人・物・空間・文化等）からの影響を受けます。保育者は、子どもを取り巻く環境を把握し、保育に活かしていくことが求められます。本章では、地域の環境を保育の資源ととらえ、乳幼児が自ら健康で安全な生活をつくり出す力を養うための地域資源の活用の仕方について学びます。

学習のポイント

- 「こどもまんなかチャート」を理解し、子どもと地域とのつながりを考え、園外保育の意義を理解しましょう。
- 現代における子どもと自然とのかかわりについて理解し、地域の自然を活かした保育について考えましょう。
- 乳幼児のヘルスプロモーションについて理解し、地域資源の活用について、ヘルスプロモーションの視点から考えましょう。

> **学習の準備**
>
> 幼稚園、保育所のときの散歩や遠足のことを覚えていますか。どのような所に行ったでしょう。どのようなことを行ったでしょう。
> 当時経験したことを思い出し、書き出してみましょう。そして、そのなかで特に印象に残っていることについて、なぜ心に残っているのか考えてみましょう。

第1節　園外保育の意義と留意点

❶ 地域資源の活用

　園児の生活は、家庭を基盤として地域社会、そして幼稚園・保育所等と連続的に営まれています。園児の家庭や地域社会での生活経験が園において保育者やほかの園児と生活するなかで、さらに豊かなものとなり、園生活で培われたものが、家庭や地域社会での生活に活かされるという循環のなかで園児の望ましい発達が図られていきます。

　近年の子どもは、情報化が急激に進歩した社会のなかで多くの間接情報に囲まれて生活しており、自然と触れ合ったり、地域で異年齢の子どもたちと遊んだり、働く人と触れ合ったり、高齢者をはじめとする幅広い世代と交流したりするなどの直接的・具体的な体験が不足しているといわれています。このため、幼稚園・保育所等では、地域の資源を活用し、園児の心を揺り動かすような豊かな体験が得られる機会を積極的に設けていくことが求められています。近隣の自然公園やキャンプ場等の宿泊施設での活動、高齢者とのふれあい、地域に永年にわたって伝えられた文化や伝統への参加などは、園児の生活の豊かさと活発さにつながります。また、安全や防犯、口腔衛生などは、地域の専門家に依頼することで子どものよりよい育ちにつながります（**表10-1**）。

　政府は、「幼児期までのこどもの育ちに係る基本的なビジョン（はじめの100か月の育ちのビジョン）」において、子ども誕生前から幼児期までは人の生涯にわたるウェルビーイングの基盤となる最も重要な時期であること、全世代のすべての人でこの時期から子どものウェルビーイング向上を支えていくことが重要であり、社会の責任であると示しました。そして、その仕組みを図示した「それぞ

表10-1　地域の資源を活用した活動例（A保育所における年間計画）

月	活動（対象児クラス）	地域資源の活用方法
6月	運動会（3歳以上児）	近隣小学校の校庭等を借用
	防犯指導（2歳以上児）	B県警察「ひまわり」が来園し指導
	交通安全教室（2歳以上児）	B県警察C警察署が来園し指導
	プラネタリウム教室（5歳児）	C市のプラネタリウムへ
9月	高齢者施設訪問（5歳児）	近隣の高齢者施設を訪問
	防災センター見学（5歳児）	所在地区の防災センターを訪問
10月	芋ほり遠足（4歳児、5歳児）	観光農園へ
	Cスクールキャラバン（4歳児、5歳児）	県内Jリーグのコーチが来園し指導
11月	七五三のお祝い（3歳以上児）	4、5歳児：D神社へ参拝 3歳児：E神社へ参拝
	小学校訪問（5歳児）	近隣小学校を訪問
1月	保育学生による保育発表会の観劇（2歳以上児）	近隣保育者養成校の学生が来園し上演
2月	小学校訪問（5歳児）	近隣小学校を訪問
	公開保育参観	小学校教員が来園
3月	卒園遠足（5歳児）	F動物園へ

◇年数回の実施
・天気の良い日は、近隣の短期大学の多目的広場へ散歩（2歳以上児）
・近隣保育園との交流（5歳児）
・入居ビル内合同による防犯訓練及び消防訓練等（全園児及び職員）

第10章　地域の資源を活用した活動

れのこどもから見た「こどもまんなかチャート」[1]を作成しました。ここには、子どもの育ちの質は、保護者・養育者や保育者等の子どもにかかわる専門職だけではなく、子どもを取り巻く環境、例えば、地域社会の人々や子どもが過ごす空間、地域の空間、施策や文化など、子どもにかかわるすべての環境が直接的・間接的に影響していることが示されています（図10-1）。

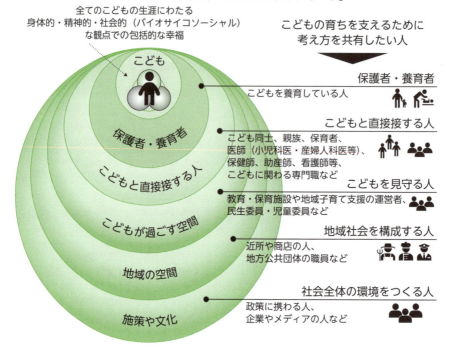

図 10-1 それぞれのこどもから見た「こどもまんなかチャート」

出典：「幼児期までのこどもの育ちに係る基本的なビジョン（はじめの100か月の育ちのビジョン）」別紙1、令和5年12月22日閣議決定（https://www.cfa.go.jp>policies>kodomo_sodachi）

❷ 園外保育の意義

　園外保育は、遠足や見学、芋ほり、散歩など園の外に出て保育することであり、子どもたちにとってウキウキ・ワクワクするような楽しい体験です。園内とは異なる場所で体験するさまざまな出来事は、園児にはとても魅力的であり、興味をもって対応していきます。新しいこと、珍しいことへの好奇心と期待をもった眼差しで、全身をいっぱいに働かせ出会いを楽しんでいます。この体験は、心身の解放と健康を促し、自然への親しみや豊かな感受性を培います。さらには、自然や命の仕組み、大切さへの学びにもつながります。また、集団で移動する際の行動の仕方や交通のきまり、公共施設の使い方など、将来の社会生活を送るための基礎となる意識や行動を培ううえでも重要な役割を占めています。

❸ 園外保育の留意点

1. 計画

　園外保育には二つのタイプがあります。一つは、普段の保育活動の一つとして行われるもので、近くの公園や広場で遊んだり園の周辺を歩いたりするものです。散歩はこれにあたります。もう一つは、日常の保育や地域的に欠けているものを補う体験で、普段の散歩よりは遠い場所に徒歩またはバス等を使って1日かけて行くものです。園の大きな行事として行われ、遠足はこれにあたります。いずれも、年間の保育の流れと関連をもたせ、年度はじめに時期や回数をある程度決めておくとよいでしょう。そして、年齢・発達に沿って、経験してほしいこと、出会ってほしいことは何かについて考えてねらいや方法・内容を検討し計画していきましょう。

　園外保育における子どもの活動は、日頃の保育からの解放感もあり、気分的にも興奮状態になりやすく、行動も活発になります。また、集団での活動であり、慣れない場所での活動となるため、園内での遊びより危険を伴うことも多く、安全面には細心の注意を払わなければなりません。そのため、園外保育のねらいを明確にし、年齢や発達、子どもの状況に応じた場所や方法を十分に検討し、保育者が目的地を熟知しておくことが必要です。

2. 実地踏査（下見）

　日時・場所が決まったら実地踏査を行います。当日と同じ曜日・時間に行うことが望ましく、複数人で細かい点まで注意をはらい丁寧に行いましょう。下見のチェックポイントは、移動手段に関すること（移動経路、方法、所要時間など）、目的地の実態（利用状況、活動場所の適否、手洗い・トイレの状況、危険か所、管理事務所等の有無、病院・警察など緊急時の連絡場所など）があります。

　実地踏査後は、保育者全員で結果を確認・検討してプログラムや役割分担を決めます。役割分担を行うにあたっては、余裕をもった人員配置をしましょう。また、これらのことは、近くへの散歩や見学などの普段から慣れている所でも確認しましょう。

3. 事前保育

　事前の保育では、子どもたちが興味をもって参加できるように、関連する話や活動を取り入れていきましょう。また、集団行動やマナーなど公共の場での行動

や安全に対する注意などを子どもたちに知らせ、練習しておきましょう。前日は、子どもたちが疲れないように配慮するとともに、子どもたちにも早寝早起きを勧めるなど自らの健康への配慮を促すとよいでしょう。さらに、各家庭へも園外保育について伝え、子どもたちが当日元気に安心して参加できるようにしましょう。

4. 当日の活動

　子どもたちがプログラムを楽しめるよう援助しましょう。朝の視診はいつもより丁寧に行います。衣服や靴などの確認や水筒の中身、リュックの重さなどの持ち物を子どもたちと一緒に点検しましょう。また、排泄の確認も忘れずに行います。出発前には、参加者全員がそろって話を聞き、気持ちを落ち着かせたり、約束事を確認したりします。約束事の確認は、危険なことのみにとどめ、活動中に都度伝えるようにしましょう。

　参加人数を把握し、移動中や活動中などこまめに確認をします。また、移動中や活動中など、保育者の位置に配慮し連携を取り合って安全に細心の注意を払いましょう。

5. 終了後

　視診を丁寧に行い、子どもたちの疲労の状況等に応じてその後の保育活動への配慮を行いましょう。

　子どもたちに楽しかったことや印象に残ったこと、感じたことや気づいたことなどを話題に会話をしたり、絵を描いたり作品をつくるなどの活動を通して、その後の保育につなげていきましょう。また、各家庭に子どもたちの帰宅後の様子を伺うこともよいでしょう。これらのことをもとに反省会をもち、その後の保育活動や次の園外保育に活かしていきましょう。

演習課題

❶「こどもまんなかチャート」の各層の役割について調べてみましょう。
❷ 近くの公園までの「お散歩マップ」を作成し、公園までの間に子どもたちはどのような経験をするのか考えてみましょう。

第2節　地域資源の活用

❶ 自然の力

　自然のもつ大きさや美しさ、不思議さなどを全身で感じとる体験は、園児の心が安らぎ、豊かな感情、好奇心、思考力、表現力の基礎が培われていきます。領域健康では「すすんで戸外で遊ぶ」ことが保育の内容に示されています。戸外では、解放感を味わいながら、自然に触れ自然を感じながら伸び伸びと身体を動かすことにより、体の諸機能の発達が促されていきます。さらに園児の興味関心を喚起する自然環境に触れたり、思いがけない出来事と出会ったりすることなど、さまざまな活動を主体的に展開することが期待されています。

　幼児期に自然体験が必要とされていることの一つに、幼児期の原体験の重要性があります。原体験とは、「生物やそのほかの自然物、あるいはそれらによって醸成される自然現象を触覚・嗅覚・味覚の基本感覚を伴う視覚・聴覚の五感（五官）で知覚したもので、その他の事物・事象の認識に影響を及ぼす体験[2]」とされています。具体的には、「火」「石」「土」「水」「草」「木」「動物」の7つの自然物と、恐怖感、空腹感、感動などの極限状態の情感体験の「0（ゼロ）」を加えた8つの体験のことを示します。これらを五感（触覚、嗅覚、味覚、視覚、聴覚）で感じ対応していくことで、感性、判断力、思考力、表現力など生きる基盤となる力が育まれるといわれています。

> **演習課題**
>
> 　上記にあげた8つ（「火」「石」「土」「水」「草」「木」「動物」「0（ゼロ）」）のそれぞれについて、保育のなかで体験させたいこと（例えば、「草のにおいをかぐ」「火の暖かさをを感じる」など）を書き出してみましょう。

❷ 地域の自然を活用した保育

　散歩や遠足などの園外保育では、自然とかかわる活動が多くあります。自然のなかで園児が豊かな体験をすることが大切であり、家庭との連携を図りながら保育に取り入れていくことが必要です。近年、保護者自身も自然とのかかわりが苦手で動植物に触れなかったり、名前などを知識として伝えるのみのかかわりに

表 10-2　七五三のお祝い実施計画

実施日	令和 5 年 11 月 14 日（火）＼雨天中止
対　象	きりん組（4 歳児）、らいおん組（5 歳児）
目　的	・「5 歳のお祝い」を喜ぶとともに、感謝する ・神門、境内、参道の静粛さを感じる ・小動物と触れ合い、命を大切にする気持ちをもつ ・交通ルールやマナーの大切さを知る
場　所	D 神社

時間	内容
8:30	○クラスに集合 ・出欠確認＼排泄＼身支度を整え、持ち物の確認 ○遊戯室集合・朝の会 ・移動時の注意等を確認
8:55	○保育園出発（徒歩） ・交通ルールを守って歩く
9:35	○D 神社に到着 ・記念撮影 ○手水屋でお清め ・参拝時の留意事項を確認
9:55	○参拝 ・クラス集合写真 ・排泄（希望者のみ） ・G 公園小動物園に移動
10:15 10:40	○G 公園小動物園見学 ・見学時の注意を確認 ○見学終了 ・排泄 ・自由広場へ移動＼昼食準備
11:00 11:40 11:55	○昼食 ○片付け ・帰りの支度＼排泄 ○自由広場出発 ・交通ルールを守って歩く
12:35	○保育園到着 ・うがい、手洗い＼排泄＼水分補給 ・午睡の準備
13:00	○午睡 ※通常活動へ

○徒歩圏内に大きな歴史的神社があることから、毎年、七五三のお祝いに参拝している。大きな神社であり、神門から境内に入ると参道、ご神木など木々が立ち並び、自然に囲まれている。

なったりすることがあります。園で子どもが自然とかかわる様子を伝えたり、園における親子での活動のなかで自然とのかかわりを保護者に知らせたりして、園での生活が家庭でも活かされるようにしていくことが大切です。

　子どもがかかわる自然は、森や海、山、キャンプなど大きな行事や非日常的な環境ばかりではありません。園庭に出て"戸外を感じる"ことをはじめ、園内のプランターで植物を育てたり、育てた花で色水遊びをしたり、園庭で昆虫等を発見し育てたりなど、身近なところに多くの自然があり、発見があります。地域の自然に目を向けると、散歩の途中で見つけた動植物、公園や広場等にある木々や木陰、そのなかを歩くときに感じる風などは、子どもたちが自然を実感できるものです（表10-2）。

演習課題
① 現在の乳幼児の身近にある自然にはどのようなものがあるか挙げましょう。
② 自然の減少は乳幼児にどのような影響を与えていますか。各自が書き出しましょう。
③ 上記②で各自が書き出した影響の改善策をグループで考えてみましょう。

❸ 地域の資源を活用して安全な生活習慣を育む

　近年にみられる安全安心な環境づくりから、乳幼児をハザードから守るさまざまな対策が立てられましたが、リスクを経験することも少なくなり、危険から身を守ったり避けたりする能力が育ちにくくなってきました。安全な生活習慣について、領域健康においては、遊びを通して安全に関する能力を身につけていくことと示されており、危険を回避する能力を知識だけでなく、体験的に身につけ、その場、そのときの状況に応じた能力を育んでいくことが求められています。さらに、交通安全の習慣や災害などの緊急時での適切な行動がとれるようにすることが示されています。

　安全な生活習慣は、日々の生活のなかでの経験と安全教育によって育んでいくことができます。

　例えば、交通安全の習慣は、日々の通園や散歩などの園外保育のときに保育者の言葉がけや配慮等から身につけていくことができます。さらに、交通安全に関するプロ、つまり警察の力を活用すると、園児たちの交通安全に関する能力はより確かなものとなるでしょう（表10-3）。防災安全については、幼稚園・保育所

等では、災害などの緊急時での適切な行動を身につけるために避難訓練が定期的に行われています。しかし、災害などは日常的ではないため、園児が災害等を現実的にとらえて訓練に参加することはとても難しいことです。訓練時に所轄の消防署と連携し、消防自動車や起震車に来園してもらって実施するなど、各園が工夫して避難訓練を行っています。また、近くに防災センター等があれば、訪問・見学するのもよいでしょう（**表 10-4**）。

表 10-3　交通安全教室実施計画

実施日	令和 6 年 6 月 28 日（金）		
対　象	2 歳以上児クラス	担　当	主任、クラス担任
来園者	B 県警察 C 警察署		
目　的	・道路の歩き方や交通ルール・標識等に興味・関心を抱く。また、正しい横断歩道の渡り方の体験を通して、安全な道路の歩き方を学ぶ。		

時間	内容	留意点
10:00	○朝の会 ・出欠確認 ・副園長の話	・何が始まるかを伝え、興味がもてるようにする ・副園長や警察官の話を聞くときは、静かに聞けるように言葉がけをする ・元気よく挨拶をするよう促す
	○挨拶 ○警察からの話 ・信号機の見方や横断歩道の渡り方 ・標識の話 ・腹話術による交通ルールの説明	
	○横断歩道を渡る練習 ・2 歳児〜 4 歳児クラスはクラスごと、5 歳児クラスは数名ずつ行う ・2 歳児〜 4 歳児クラスは、練習後に各保育室へ戻る	・警察からの話を思い出せるような言葉がけをしたり、スムーズに移動できるように促したりする
	○まとめ（5 歳児クラスのみ参加） ・警察からの話	・活動の内容や警察の話を振り返りながら、子どもたちが交通ルールや安全について確認できるようにする ・元気よく挨拶をするよう促す
10:45	○お礼の挨拶 ○終了	

表10-4　防災センター見学実施計画

実施日	令和5年11月15日（水）＼雨天：10月17日（金）
対象	らいおん組（5歳児）
目的	・防災に関する話等を聞き、火災や災害について学ぶ ・地震や煙体験等を通して災害時の行動の仕方を知る ・交通ルールやマナーの大切さを知る
場所	H市防災センター

時間	内容
9:10 9:25	○クラスに集合 ・出欠確認＼排泄＼移動時の注意 ○保育園を出発（徒歩）
9:45	○C駅東口バス停4番乗り場に到着 ・I医大医療センター行バス乗車（9:48発）
9:57	○I医大医療センターバス停到着・下車 ・H市防災センターに移動（徒歩）
10:05	○H市防災センターに到着 ・排泄＼水分補給＼見学時の注意 ・消防自動車前で集合写真撮影 ・消防自動車の説明・見学
10:10	○防災展示ホールの見学および体験 ・地震体験＼煙体験
11:00	○見学、体験の終了 ・排泄 ・昼食場所へ移動
11:15 12:00	○J公園に到着 ・昼食 ・片付け＼排泄＼帰りの注意 ○J公園を出発
12:05	○I医大医療センターバス停に到着 ・C駅東口行バス乗車（12:13発）
12:23	○C駅東口バス停到着・下車 ・保育園へ移動（徒歩）
12:40	○保育園に到着 ・うがい、手洗い＼水分補給＼排泄 ・着替え
13:10	○午睡 ※通常活動へ

第10章　地域の資源を活用した活動

> **演習課題**
>
> 近くの警察署や消防署等が行っている安全に関する啓蒙活動はどのようなものがありますか。調べてみましょう。

第3節 ヘルスプロモーション

❶ ヘルスプロモーションとは

　世界保健機関（WHO）は、1986年にカナダのオタワで開催された国際会議において「ヘルスプロモーションに関するオタワ憲章」を採択し、「ヘルスプロモーションは、人々が自らの健康をコントロールし、改善することができるようにするプロセスである」[3]と定義しました。ヘルスプロモーションには、個人のレベルから政策のレベルまでの幅広い活動とその有機的連携が不可欠であるとしています。個人のレベルとは、個々人が自分に合った健康な生活習慣づくりに向けた知識や技術を身につけて実践し、生涯にわたって健康な生活を過ごしていこうとするものです。一方、政策レベルとは、社会の公的な責任においてすべての人が健康な生活を送れるよう、健康的な公共政策や健康を支援する環境づくり、地域活動の活性化など、社会のあらゆる生活の場で健康をつくっていこうとするものです（図10-2）。つまり、個々人の年齢や状況に応じて健康な生活は異なり、各自が自分の状況を踏まえて自分でその方法を考え選択できるようになること、個々人を取り巻く地域社会は、その個々人を支援していく仕組みをつくっていくことが求められています。

　発達の途上にある乳幼児は、自分から健康な生活を求めたりつくったりしていくことは難しく、乳幼児の環境は大人に委ねられています。家庭環境を基盤として乳幼児が所属する幼稚園・保育所等、地域社会において大人に守られて育つなかで、自らの健康や健康的な生活に気づき、健康で安全な生活を送るための知識や技術を身につけ、健康観の基礎が育まれていきます。そして、自ら健康で安全な生活をつくり出す力が養われていきます。

> **学習のまとめ**
>
> ヘルスプロモーションの視点から、保育のなかで育てたい「個人技術」を挙げ、その方法について考えてみましょう。

図 10-2 ヘルスプロモーション活動の概念図

従来の健康づくり　　　　　　　　　　ヘルスプロモーションの考え方に基づく健康づくり

（島内 1987、吉田・藤内 1995 を改編）

WHO（世界保健機関）のオタワ憲章における「ヘルスプロモーション」の活動

1) 健康のための政策づくり
2) 健康を支援する環境づくり
3) 地域活動の活性化
4) 教育などによって個人の意思決定と行動選択の能力を高めること
5) 健康に関わる専門家の治療中心から健康づくりの方向に見直すこと

引用文献

1) 「令和5年度最新版幼児期までのこどもの育ちに係る基本的なビジョン　令和5年12月閣議決定、幼稚園教育要領　平成29年3月文部科学省、保育所保育指針　平成29年3月厚生労働省、幼保連携型認定こども園教育・保育要領　平成29年3月内閣府・文部科学省・厚生労働省　原本」チャイルド本社、p.31、2024.
2) 山田卓三『生物学からみた子育て』裳華房、pp.121-127、1993.
3) World Health Organization、日本HPHネットワーク・日本ヘルスプロモーション学会訳「ヘルスプロモーション用語集2021」p.4、2023.（https://plaza.umin.ac.jp/~jshp-gakkai/pg245.html）

参考文献

・内閣府・文部科学省・厚生労働省「幼保連携型認定こども園教育・保育要領解説」2018.
・「令和5年度最新版幼児期までのこどもの育ちに係る基本的なビジョン　令和5年12月閣議決定、幼稚園教育要領　平成29年3月文部科学省、保育所保育指針　平成29年3月厚生労働省、幼保連携型認定こども園教育・保育要領　平成29年3月内閣府・文部科学省・厚生労働省　原本」チャイルド本社、pp.6-29、2024.
・荒木美那子・桐原由美編著『幼児の楽しい運動学習——運動あそびの発達と援助』不昧堂出版、2001.
・小林辰至、山田卓三「環境教育の基盤としての原体験」『環境教育』Vol.2-2　pp.28-33、2006.
・亀山秀郎、嶋崎博嗣、渡部努、石井正邦「幼児の原体験に関する研究」『幼年児童教育研究』16巻、兵庫教育大学幼年教育講座、pp.45-53、2004.
・文部科学省「幼稚園教育要領解説」2018.
・島内憲夫「連載WHOヘルスプロモーションとは何か？　第3回 WHOヘルスプロモーションに関するオタワ憲章（1986年）」『民医連医療』No.588、2021年9月号、pp.44-45、2021.
・財団法人日本学校保健会「みんなで進める学校での健康づくり——ヘルスプロモーションの考え方を生かして」2009.

第11章

保育の安全と管理

本章のねらい

本章では、子どもとかかわる際の安全への配慮について、室内・屋外遊具や環境設定の観点から取り上げています。子どもの生命の維持と安全管理につなげるため、遊具の特徴や管理、点検方法について理解を深めましょう。また、子どもの事故の実態を知り、安全に配慮した環境設定を心がけるための方法と配慮について学びましょう。

学習のポイント

- 室内遊具の種類と特徴および管理方法と配慮点を知り、室内遊具の基本的な取り扱いについて学びを深めましょう。
- 固定遊具の種類と特徴および点検方法・内容等について知り、保育活動において固定遊具を活用する際の配慮について理解を深めましょう。
- 子どもの事故の実態について知り、子どもの事故を防ぐ保育環境の整備について理解を深めましょう。

> 子どもの頃、お気に入りで遊んだ遊具や玩具、園庭や近所の公園などに設置されていた固定遊具について振り返ってみましょう。また、幼少期に遊んだ場所や公園を訪れ、当時と比べてみましょう。

第1節 室内遊具の安全管理

　室内遊具は、形状や大きさなど多種多様なため、それぞれの遊具の特徴を知り、適切な方法で活用しましょう。

❶ 室内遊具の種類

　室内で使用する遊具は、手の中に入る小さなものから子ども一人では扱えないものまで大小さまざまです。小さいものでは、ビーズ、ブロック、積み木、おままごとの用具などがあります。また、ボール、なわとび、フープなど、子どもの手よりも大きくなりますが、自分で持ち運びできるものもあります。さらに、巧技台、平均台、乗用玩具など、保育者とともに持ち運ぶ必要のあるものがあります。これらのなかでも、ボール、なわとび、乗用玩具などは屋外で使用することもあります。

❷ 室内遊具の安全管理

　室内遊具は、子どもが自分で扱うことができる大きさや形状のものが多く、自由に扱えることが特徴です。その反面、保育者の目が届かないこともリスクとして挙げられるため、子どもが使用する前後の点検は必ず実施しましょう。

　大小さまざまある小型の遊具のなかでも、手の中に入る程度の大きさのものは発達段階によっては誤飲などのリスクを伴うことがあります。直径39mm以下のものは誤飲しやすいため、注意が必要です。

　また、ボール、なわとび、フープなどは、体を動かすための空間が必要なので広い空間設定を心がけましょう。さらに、大型積み木、巧技台、平均台、乗用玩具など、室内遊具のなかでも大型のものは、動きだけではなく移動を伴うことを視野に入れた広範囲な空間を活用した環境設定が必要です。

　これら遊具の使用前後の安全確認は、基本的には保育者が行いますが、遊具に

よっては専門技術者に依頼し、定期的な点検を行う必要があります。破損等が判明した場合は、早急に修理などの対応をしましょう。いつも遊んでいる遊具が見当たらないと子どもは不安になるので、子どもにも修理していることがわかるよう伝え方を工夫しましょう。

収納は、遊具の使い方や、形状、施設の特徴などを考慮して検討します。また、保育者の立場からだけではなく、子どもが使ったものは自分で片づける習慣を形成するためにも、子どもの目線での収納方法も視野に入れ、配置を考えましょう。

安全管理として遊具の点検確認は必須ですが、さらに子どもたちとの遊び方の共有も必要です。それぞれの遊具の特徴に適した遊び方を子どもにも伝え、また、相談しながら安全な遊びができるよう安全教育にもつなげていきましょう。

❸ 主な遊具と管理上の留意点について

①ビーズ

木製、プラスチック製などの材質のもので、大きさも大小あります。遊びとしては穴あきビーズに糸を通すことや、コースター状になっているワイヤー上を移動させて遊ぶものなどがあります。特に小さいビーズは、口唇期の子どもがいる場所では誤飲に注意し、収納方法、収納場所は保育者が管理しましょう。

②積み木・ブロックなど

木製、プラスチック製、ウレタン製など、手の中に入るものから、大きなものまであります。大きさや形も一定ではないため、収納方法、収納場所は崩れや落下がないよう注意しましょう。使用前後には、破損やささくれなどの有無に注意して点検しましょう。

③ボール

ゴム、ウレタン、スポンジボールなど、軟らかく、パンクしないもの、また、ラグビーボールのように楕円形のものもあります。

ボールの材質や形状により、はずみ方や動く方向が変化するため、保育者はそれぞれのボールの動きや特徴を把握しておく必要があります。また、空気圧の状況、破損の有無についても点検しましょう。

図 11-1　ボールの例

④短なわ

　綿、ビニール製などがあり、跳ぶだけではなく使用用途もさまざまです。一人で扱う場合には、体に適した長さで使えるよう保育者は調節しましょう。収納に関しては、個人管理の場合もあるため、こまめになわや持ち手の破損に注意して点検しておきましょう。屋外で使用する場合もあるため、衛生管理にも留意しましょう。

図11-2　なわの例（短なわ）

⑤フープ

　プラスチック製、ビニール製、ウレタン製などで、大小あるため、くぐる、跳ぶ、陣地にするなど、いろいろな方法で使うことができます。子どもが使いやすく、使い方も工夫できるよう収納方法、収納場所を保育者が管理しましょう。縦型のフックなどにかけておくことも使いやすさにつながります。

図11-3　フープスタンドの例（チャイルド社製）

⑥巧技台・平均台・マット・大型積み木など

　組み合わせることによって、運動遊びや、サーキットなど多用途に使えます。材質も、木製・ウレタン製などありますので、材質の特性を活かした使用を検討しましょう。大型の遊具は、子ども一人での移動や扱いはリスクが高まるため、必ず保育者の監督のもと移動や設置を行いましょう。また使用前には、ささくれや破損などの確認を必ず行います。なお、遊具を組み合わせて使用する場合は、揺れやすべり、組み合わせ部分のずれなどがないよう、固定する工夫をしたうえで設置しましょう。さらに高さを意識して設置した場合は、マットなどを敷いて落下に対する予防対策が必要です。

図11-4　巧技台を組み合わせたアスレチック

⑦**乗用玩具**

　三輪車、足でこぐ自動車、スクーターなどがあり、こぐ動作や乗ることを楽しめます。体を動かすことよりも移動範囲が広くなるため、使用場所の環境設定に配慮が必要です。使用前後には車輪や車軸、座面などを確認しましょう。また、屋外で使用する場合もあるため、衛生管理にも留意しましょう。

> **コラム 10-1**
>
> **玩具の安全基準**
>
> 　おもちゃの安全性について、食品衛生法第68条では、乳幼児が接触した場合の健康の影響について基準を設けています。また、電気用品安全法第10条では使用時の安全確保についての基準を設け、適合する場合にはPSEマークの表示を義務づけています。さらに、一般社団法人日本玩具協会では玩具安全（ST）基準制度を設けています。
>
> 図 11-5　PSE マーク　　図 11-6　ST マーク
>
>

演習課題

　室内遊具を調べ、それぞれの特徴や遊び方をまとめ、遊具を使用する際の環境設定について考えてみましょう。

第 2 節　固定遊具の安全と点検

　国土交通省の「都市公園における遊具の安全確保に関する指針」[1]では、子どもの遊びと遊具の関係について解説されています。遊具のなかでも固定遊具は、幅や高さなどの空間の広がり、動きの多様性などから子どもにとっては興味・関心が高まる遊具です。その反面、事故事例についての報告も多くみられ、総合遊具やアスレチック、滑り台などの事故が例年上位を占めています。固定遊具は点検と使用方法を把握して活用することが大切です。

❶ 固定遊具の種類と特徴

　固定遊具には、鉄棒、ぶらんこ、すべり台、うんてい、砂場、総合遊具・アスレチックなどがあります。国土交通省の「都市公園における遊具の安全確保に関する指針」では、遊びの形態と遊具の例を次のようにまとめています[2]。

〈遊びの形態と遊具の例〉

- 揺動系（ぶらんこ、スプリング遊具）
  遊具の一部が上下・前後・左右に揺動する動きで遊ぶ。
- 上下動系（シーソー）
  遊具の一部が上下する動きで遊ぶ。
- 回転動系（回転ジャングルジム）
  遊具の水平方向に回転する動きで遊ぶ。遠心力がかかった状態で遊具に掴まっていることができる筋力が必要である。
- 滑走系（ロープウェイ）
  遊具の一部が水平方向に走行する動きで遊ぶ。走行中、可動部に掴まっている必要があり、掴まって全身を支えることができる筋力が必要である。
- 滑降系（すべり台）
  遊具は可動部を持たない。子ども自身の滑り降りる動きで遊ぶ。
- 懸垂運動系（ラダー、鉄棒）
  基本的には遊具は可動部を持たない。子ども自身がぶら下がったり、移動したり、回転する動きで遊ぶ。ぶら下がることができる筋力が必要である。
- 登はん運動系（ジャングルジム、登はん棒、クライムネット）
  遊具は可動部を持たない。子ども自身の昇り降りや移動する動きで遊ぶ。よじ登ることができるだけの筋力が必要である。
- 跳躍系（空気膜構造遊具）
  遊具の反発力を利用し、子ども自身の飛び跳ねる動きで遊ぶ。
- 平衡、腹這い、その他運動系（プレイウォール、平均台）
  遊具は可動部を持たない。子ども自身の歩行、くぐり抜けなどの動きで遊ぶ。
- 複合系（複合遊具、石の山・コンクリート製の山）
  上記の遊びの形態の組み合わせで遊ぶ。

出典：国土交通省「都市公園における遊具の安全確保に関する指針　改訂第3版」p.22、2024.

　ここで示されているように、遊具の特性と子どもの発育発達段階、あるいは身体能力の準備を踏まえたうえで使い方のルールなどを設定することは大切です。

図 11-7　総合遊具

> **演習課題**

事例検討をしてみましょう。

❶ 事例：すべり台を登りたい5歳のAちゃん

　B保育園では、すべり台のすべり面を登らないことをルールとしています。Aちゃんは、年長組になり身体的な能力の発達が目覚ましい状況です。先日、近所の公園で、すべり台のすべり面を登ることができたことを保育者に教えてくれました。するとAちゃんは、園でも登りたいと保育者に伝えています。C先生は、すべり台は小さいクラスのお友達も遊びたいので、お約束は守ろうねとAちゃんに伝えました。

❷ 検討課題

　C先生の対応について、C先生のねらいや意図を考えてみましょう。考えたことをグループ内で話し合ってみましょう。

❷ 固定遊具の点検

安全管理のためには、日常点検と定期点検が必要です。

1. 日常点検

　国土交通省「都市公園における遊具の安全確保に関する指針」では、日常点検の着眼点を次のように示しています。

〈日常点検の着眼点の例〉

- 変形　　　：ゆがみ、たわみ
- 部分の異常：金具、締め具の変形やゆるみ、詰め物の脱落、上向きあるいは目の高さにある不適切な突起
- 部材の異常：ひび、破損、さび、腐食・腐朽、経年による劣化、塗料の剥離
- 遊具の異常：動かない、きしみ、揺れ、摩耗、傾き
- 欠損、消失：手すり子や踏み板などの部材の欠損・消失、金具や締め具などの消失
- 周囲の異常：地面の凹凸、危険物の散乱、砂場などの衛生状態、不適切な基礎部分の露出、有毒な害虫

出典：国土交通省「都市公園における遊具の安全確保に関する指針　改訂第3版」p.44、2024.

　また、日本スポーツ振興センター「固定遊具の事故防止マニュアル」では安全管理のポイントを次のように示しています。

〈安全管理のポイント〉
⑴点検は定期的・継続的・組織的に行う。
⑵遊具の使用方法、危険箇所を発見したときの対処方法、事故が起きた場合の対応をマニュアル化し、共通理解を図る。
⑶遊具の設置面に、落下等に備えた安全対策をする。
⑷ぐらつきや錆は取り除く。
⑸引っかかりや絡まりを起こす部分は取り除く。
⑹怪我をした子供を救助するため、大人が入れるようにする。
⑺他の遊具との距離をとり、周囲に十分な空間をつくる。
⑻見通しの良い場所に設置する。
⑼遊具の周りの危険なものは取り除く（石、ガラス、木の根、地面の凸凹等）。
⑽安全柵、落下防止柵を設置する。

出典：日本スポーツ振興センター「固定遊具の事故防止マニュアル」p.3、2021.

　日常の点検は、保育者の役割です。目視、触診、聴診を主体としての点検であるため、点検者の診断結果に違いが出ることも視野に入れ、点検記録書を活用し客観的な診断につながるよう、遊具の特徴と点検する際のポイントを押さえ、安全管理を心がけましょう。

2. 定期点検

　定期点検は、専門技術者に依頼し定期的に詳細な確認をする点検です。点検の頻度は年1回以上とされていますので、設置業者と連携し点検するようスケジューリングしましょう。

演習課題
　固定遊具の特徴について文献や実際の観察などを通して調べ、使用上の留意点をまとめてみましょう。

第3節　安心して遊べる保育環境

　子どもにとって、遊具は興味や楽しみの対象であると同時に、遊具本来の使い方をしないことによりけがや事故につながってしまう危険性をもったものでもあります。楽しめるはずの遊びを通して事故につながることは最も避けたいことです。そのためには、遊具の正しい使い方と、適切な環境設定をすることによって、遊具のもつリスクを最小限にとどめることが大事です。

❶ 事故事例報告

日本スポーツ振興センター「学校管理下の災害」によると、先天性疾患や悪性新生物などの疾病以外で子どもが命を落とす原因は、「不慮の事故」が報告されています。「不慮の事故」とは、思いがけない事故のことで、交通事故、溺水、窒息、転落、転倒などがあります。

子どもの行動を予測できないこともあり、ときには重篤な事故につながってしまうこともあります。予測不能ではありますが、事故につながらない努力は必要です。ヒヤリハット報告などを活用し、保育者同士情報を共有し、子どもの突発的な行動に対応できるよう体制を整えましょう。

❷ 保育環境の整備

保育中に事故が起きる場所は園舎内で多く発生しており、そのなかでも保育室内での事故事例も見られます。このことから、保育室内の安全な環境を整えることは、子どもの生命を守る安心安全な保育を展開するためにも重要な保育を支えるための活動です。

幼稚園教育要領や保育所保育指針などでは、安全管理に関して、日常点検や保育者の情報共有および連携のもと、子どもが自ら状況を把握できることを見通して、遊びの動線や遊び方に沿った環境設定をするよう示されています。

また、子どもが自ら安全を守る力を育むためには、安全教育にもつなげていくことが必要です。

日本スポーツ振興センター「固定遊具の事故防止マニュアル」では、安全教育のポイントを次のように示しています。

〈安全教育のポイント〉

(1) ルールや順番を守るよう指導する。
(2) 遊具が濡れているときは遊ばないよう指導する。
(3) 荷物を持ったり、引っかかるものを身に着けたりしたまま遊ばないよう指導する。
(4) 危険な行動については、その場で改善を指導する。
(5) 新学年や新学期ごとに、遊具の安全な使い方を確認する。
(6) 遊具に潜む危険な箇所や危険な使い方を理解するよう指導する。
(7) 危険な箇所があったときは回避し、大人に伝えることができるよう指導する。
(8) 遊具を安全に使用することの大切さを理解し、進んで安全な行動が出来るよう指導する。

出典：日本スポーツ振興センター「固定遊具の事故防止マニュアル」p.3、2021.

安全管理、安全教育の両面から保育者同士が情報共有し連携することにより、子どもの安全で安心な生活を保障できるよう心がけましょう。

コラム10-2

地域に即した安全管理

　富山県南砺市にある利賀ささゆり保育園の夏季プール活動を紹介します。

　利賀村では、夏季に多く発生する「オロロ」と呼ばれる昆虫から子どもたちを守るために、プールをビニールハウスが覆っています（図11-8）。保護者が協力してプールの設営をしてくれているそうです。また、冬季には積雪があるため、園庭の遊具を積雪期間は解体し、収納しておくそうです。

　このように、地域によっては、地域の特色に合わせた安全管理が必要であることも視野に入れましょう。

図11-8　プールの外観

学習のまとめ

1．安全管理について、保育者が心がけることをまとめましょう。
2．安全教育について、発達段階に応じたねらいや指導方法をまとめましょう。

引用文献

1) 国土交通省「都市公園における遊具の安全確保に関する指針　改訂第3版」p.22、p.44、2024.
2) 日本スポーツ振興センター「固定遊具の事故防止マニュアル」p.3、2021.

参考文献

・一般社団法人日本玩具協会「玩具安全基準書　第4版」2022.
・厚生労働省「保育所保育指針解説書」2018.
・日本スポーツ振興センター「学校等管理下の災害　令和5年版」2023.

第12章

指導計画

本章のねらい

本章では、「健康」の位置づけのもとで、領域「健康」のねらいやその内容についてしっかり把握することが前提になります。そこで幼児の健康を育む活動の実際を通して、発達段階に合った活動の実際について理解し、保育者にとって、日常生活のなかで幼児の健康に留意することを理解するとともに、幼児自身が自らの健康に留意できるような援助者、指導者としての基礎的姿勢と技術を身につけることになります。このことを踏まえて「保育所保育指針」や「幼保連携型認定こども園教育・保育要領」における健康にかかわる指導内容の理解に努め、健康についての指導計画を立案できるようにします。立案後は安全に配慮した運動遊びの行い方やその工夫にもとづいた運動や指導ができるようにしていくことになります。立案するには幼児の健康を意識した保育教材の作成や計画、指導方法を学ぶことが求められます。

学習のポイント

- 乳幼児期から幼児期に至る子どもの特性を学ぶとともに、大まかな保育の役割を知り、保育内容「健康」における指導計画の作成がなぜ必要かについて考え、実際に指導計画が立案できる準備をしましょう。
- ICT の長所と短所はどのようなものであるかを理解し、ICT の活用を取り入れた指導計画を作成する準備を進めましょう。また、指導法について考えることができるよう、実際に指導計画を作成してみましょう。
- 保育の評価について知るとともに、保育の評価はなぜ必要であるのか考えてみましょう。また「カリキュラム・マネジメント」「PDCA サイクル」はどのようなものかについても調べて、それを活かすためにどうすべきか考えてみましょう。

> **学習の準備**
>
> 本章では、現行の「保育所保育指針」における健康に関する指導内容をしっかり理解し、健康についての保育指導計画が作成できることが目標になります。安全に配慮した運動遊びを実施することについて意識、工夫することで指導ができるようになることや健康指導に必要な技術を習得することを通じて、子どもへの保育指導が可能となることが大切です。指導計画は実習を目の前にしている学生の皆さんは、比較的苦手な意識をもつ方が多いように感じますが、苦手意識をなくすように作成できるようにする準備を進めていきましょう。

第1節 指導計画作成の基礎知識とその準備

❶ 指導計画作成の基礎知識

1. 指導計画の基本を知ろう

　幼稚園生活を通して、個々の幼児が幼稚園教育の目標を達成していくためには、まず、教師が、あらかじめ幼児の発達に必要な経験を見通し、各時期の発達の特性を踏まえつつ、教育課程に沿った指導計画を作成して継続的な指導を行うことが必要です。そして、具体的な指導においては、あらかじめ立てた計画を念頭に置きながらそれぞれの実情に応じた柔軟な指導をすることが求められます。さらに、幼児の実態および幼児を取り巻く状況の変化などに即して指導の過程についての評価を適切に行い、常に指導計画の改善を図ることが大切です。なお、幼稚園教育の質の保障と向上のためには、教育課程に基づき組織的かつ計画的に各幼稚園の教育活動の質の向上を図っていく必要があることも忘れてはなりません。

2. 幼児期についての特性を知ろう

　幼児期においては、家庭での生活を中心に置きながら、次第にその行動の範囲が広がりを見せるようになります。そしてその後は、より広い世界に目を向けることができるようになるでしょう。皆さんは、幼児期のことを覚えていますか？　また家族の方に聞いたことなどありますか？　幼児は、家庭での生活とは異なる環境で家族とは異なる人々と出会うことを通じて、さまざまな出来事に遭遇する

だけでなく、幼児ながらに心が動かされるような体験を重ねることになります。皆さんもきっとそういう体験をしていたのではないでしょうか。

とりわけ、保育所（幼保連携型認定こども園）や幼稚園での園生活においては、保育士、保育教諭、幼稚園教諭といわれる保育現場の先生方とふれあい、多くは同じ年代にある幼児らと集団生活を送ることになります。ここでの新しい出会いを通して、幼児期の発達に必要な体験を重ねていくことができることになります。

もちろん、入園をした当初から、幼児らが目標とする集団生活にすぐになじむとは限りません。簡単なように見えて実際は難しいこともあります。

幼児が入園してから修了するまでの発達の過程を大きくとらえてみると、①入園当初においては、幼児一人ひとりが自分の好きなように遊んだり、教師とふれあいながら、保育所や幼稚園での園生活に親しみながら、安定の方向へと向かうことになります。②そしてこの安定した生活が得られるようになると、徐々にではありますが、周囲の人（家族、友人など）やモノへの興味や関心が一層広がることになるのです。また生活のきまりなども次第に理解できるようになり、自分でいろいろな遊びに興味をもって取り組むようになります。③そして次第に、子どもたちは園での集団生活のなかにおいて、幼児一人ひとりがそれぞれの思いを抱きながら個々に活動をするようになります。そこで友達と呼べる子どもを見つけ出し、同じ場所で過ごすことを通じて、子ども同士が互いに満足する様子が見られるようになります。④その友達と次第に言葉（例えば、喃語や一語文・二語文など）を交わすようになったり、遊具および用具についてのやりとりを行うなどのかかわりをもつようになり、いつしか友達への関心が芽生えることになっていきます。時には互いの主張を譲らず、ぶつかり合うこともあります。こうした体験も含め、⑤幼児同士がかかわり合いを重ねることを通して、友達関係ができていきます。さらに友達と共通の目的を見出して生活を展開する楽しさを味わうことができるようになると、自分の思いや考えを相手に伝えたり、相手の思いや考えを受け止めたりすることができるようになっていきます。⑥このような、友達とのかかわりを通してさまざまな感情を体験していくなかで、喜びや怒り、悲しみ、悔しさ、寂しさなどを味わう体験を積み重ねることによって、次第に相手も自分も互いに異なる主張および感情をもつ存在であることに気づく

ようになります。

　①から⑥を通じて、こうした人間関係の変化において、幼児の興味や関心も次第に広がり、好奇心や探究心をもってさまざまな事物や事象とかかわるようになっていきます。特に、ほかの幼児たちや保育者等と感動を共有することになったり、一緒にその対象とかかわって活動したりするなかで、好奇心や探究心が一層高まることになります。幼児一人では興味や関心をもたなかったものに対しても、ほかの幼児のかかわる様子を見て興味や関心をもち始めたり、あるいは教師の援助などによって、改めて興味や関心をもつようになり、これまで以上によく見たり、丁寧に取り扱ったりして、対象とのかかわりを深めていくことになります。

3. （指導）計画の必要性を知ろう

　さて学生の皆さんは、これからお世話になるであろう保育所・認定こども園・幼稚園において、常に子どもにふさわしい生活や遊びを通して、日々成長をする子どもたちの発育や発達を促すものであります。

　保育については、すでに「幼児期の終わりまでに育ってほしい姿」（育みたい10の姿）が明示されているので、これから保育者になりたいと思っている学生の皆さんは、しっかり把握するとともに、それに基づいて計画的に、また意図的に指導や支援をすることが大切です。さらに保育者が自らの思いや願いをもって保育計画を立案し、それを実践することこそが大切ですが、実践後の反省・評価も見逃せないことであるため、これらを循環するようにしながら、保育者としての専門性を高めていくことが求められることになります。

4. 計画を重視しましょう

① 指導計画は大切なもの

　保育所や認定こども園、幼稚園での保育・教育における計画については、指導する立場である現場の保育者によって基本的には立案されます。しかしながら園での生活の主人公は、まぎれもなく「子ども」なのです。当然ですが、子どもの主体性をしっかり尊重できるようにし、それにふさわしい生活の展開が望めるようにしていく必要があるでしょう。

　また日常的な日々の生活を考えることになりますので、日、週を単位として考えるような「日案」や「週案」を立案することが大切になります。日案は、保育実習の際にも、作成することが多いと実習生からよく聞きます。しっかり書けるようにしておきたいものです。また、日案・週案をあわせて「短期指導計画」と

呼んでいます。このこともしっかり覚えておきましょう。

　短期の指導計画では、日頃から子どもに接している保育者が、子どもおよびクラスの実情をありのままに正確にとらえることが重要です。この実態については、一人ひとりの発言や発達の姿、さらには課題やクラスの集団の状況、また遊びの興味や関心、あるいは心の内面など、いろいろな側面がそこに含まれます。目の前にいる子どもについて、保育者はまず「こうなってほしい」という願いや思いをもつことが必要になるのです。

② **教育的・全体的な計画について知ろう**

　そもそも 2017（平成 29）年に改定された、現行の「保育所保育指針」や「幼稚園教育要領」「幼保連携型認定こども園教育・保育要領」には、子どもが保育施設・教育機関に各々入園してから、卒園をするまでの期間を見通すことを前提にして、その子どもの発達段階に応じた保育内容や道のり（道筋）が描かれています。この道筋こそが「カリキュラム」と呼ばれるものであり、各園において、そのカリキュラムの作成・編成がなされることになっています。このことを「カリキュラム・マネジメント」と呼んでいます。「カリキュラム・マネジメント」は、各園の園長を中心に、保育職員らの総意によって、成り立ちます。そこには「P」（Plan：計画する）、「D」（Do：実践する）、「C」（Check：確認する）、「A」（Action：再度行う）といわれる「PDCA サイクル」のもと、行われることが多いといわれています。保育所および認定こども園（保育所機能）では「保育課程」、幼稚園および認定こども園（幼稚園機能）では、「教育課程」といわれます。最近では後者については「全体的な計画」といわれることが少なくありません。

　この共通の認識をもちながら、短期指導計画とは異なる長期指導計画、また保健や安全、食育を含めた園外との連携を踏まえた計画がつくられることになります。教育課程や、全体的な計画は、園長のリーダーシップの下に、保育に関連する法令、幼稚園教育要領、保育所保育指針、さらには園の実情などを踏まえて総合的に考慮されたうえで編成されることになります。先程もふれましたが、「カリキュラム・マネジメント」は、園の全職員で内容の確認、検討を行い、共通理解を深めていくことが大切になります。

　指導計画には長期指導計画、短期指導計画といわれるものがあります。詳しい説明は、本章第 3 節に示していますので、そこで学習することにしましょう。

❷ 指導計画の作成

1. 保育の計画

図 12-1　保育の計画

- 児童福祉法、設備及び運営に関する基準、子どもの権利条約等を踏まえる
- 子どもの最善の利益と子どもの人権、人格の尊重
- 公的施設としての説明責任、苦情解決など
- 格差でなく平等、互いに尊重する心を育てる

（児童福祉施設として）

- 保護者・家庭との連携・協力
- 地域の関係機関等との連携・協働
- 虐待の防止と早期発見・対応
- 地域の子育て力の向上に寄与する
- 保育の専門性を生かした相談・援助

（子育て支援を担う施設として）

- 0歳から6歳までの発達過程を踏まえた子どもの育ちと学びを支える
- 「育みたい資質・能力」「幼児期の終わりまでに育ってほしい姿」を保幼小で共有する

（幼児教育施設として）

- アクティブラーニング、非認知能力の育成、情報活用
- カリキュラム・マネジメント、意図的、継続的な取り組み
- 計画（保育・教育過程）と記録及び評価の連動

　ここでは、まず保育の全体の役割について学んでいくことにしましょう（図12-1）。保育所や幼保連携型認定こども園（保育所機能）は、「児童福祉法」に基づいた施設の一つです。「保育所保育指針」にも示されているように、子どもの人権に配慮するものであり、子ども一人ひとりの人格を尊重することが大きな役割になります。これらの役割を果たしていくためには、まず保育者一人ひとりが備えている倫理観こそが問われることになるでしょう。また、「保育」を構成している「養護」の側面を通して、一人ひとりの子どもに対してきめ細やかな対応や子どもの生命を守ることといった責任が伴うことになります。さらに、保護者や地域社会を支える人々に対して子どもの最善の利益を考慮した保育をアピールしていくことが求められます。

　次に保育所や認定こども園では、地域の子育て支援を担う拠点として、保育者一人ひとりが有する専門性を活かした相談や援助等が行われることになります。地域子育て支援拠点で行われる子育て支援は地域にしっかり根付くだけでなく、人々からの大きな信頼を得ることが必要になります。保育所や認定こども園は、地域に存在する諸機関との連携強化が求められ、保護者や地域の子育て力の向上に貢献することが急務です。

　さらに「保育所保育指針」や「幼保連携型認定こども園教育・保育要領」に規

定された「幼児教育を行う施設」であることを認識し、保育指導計画と実践を通して目の前の子どもたちがどのように成長し、学びを得ることができるのかを明確にすることが必要になります。やがて子どもたちが卒園し、初等教育機関である小学校に子どもたちを橋渡しする役割も忘れてはならないことでしょう。いわゆる保幼小連携を通じて、小学校との連携を図っていくことも欠かすことができないといえます。

2. 育ちと学びの連続性を踏まえて作成してみよう

次に幼児の育ちと学びの連続性についてお伝えします。図 12-2 を見てみましょう。

図 12-2　育ちと学びの連続性（保幼小連携）

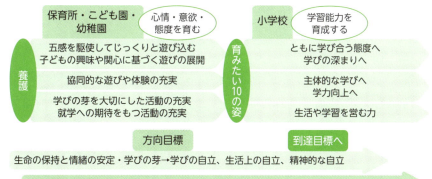

図 12-2 では、保幼小連携を通じて、「養護」の観点および「幼児期の終わりまでに育ってほしい姿」（育みたい 10 の姿）の観点の接続を示しています。また「生命の保持と情緒の安定・学びの芽」のつながりの大切さもわかることでしょう。

3. 指導計画の留意点

次に指導計画の大切なポイントとなる留意点についてお伝えしていきます。
図 12-3 を見てみましょう。

指導計画を作成するためには、保育の目標とねらい、内容、内容の取り扱いおよび配慮事項や環境構成等のつながりを考慮しなければなりません。保育指針に規定されている保育の目標（養護と 5 領域の目標）について、ねらいや内容のどこにどうつながるのかを確認しましょう。

図 12-3 指導計画の作成およびねらいと内容、内容の取り扱いについて

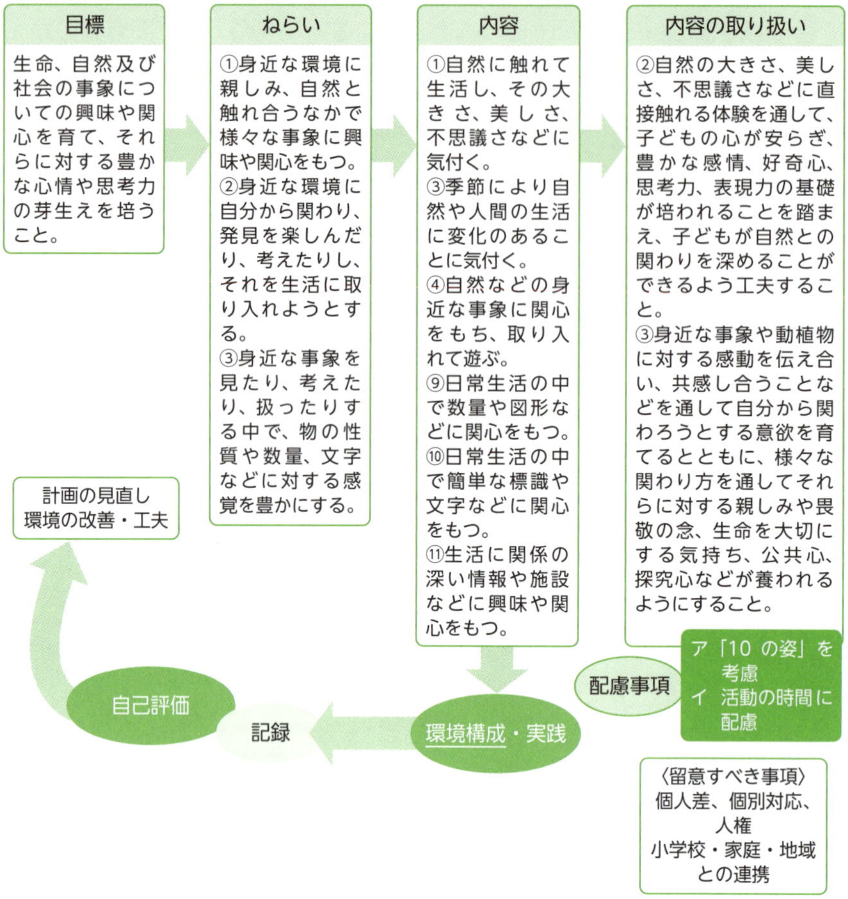

目標	ねらい	内容	内容の取り扱い
生命、自然及び社会の事象についての興味や関心を育て、それらに対する豊かな心情や思考力の芽生えを培うこと。	①身近な環境に親しみ、自然と触れ合うなかで様々な事象に興味や関心をもつ。 ②身近な環境に自分から関わり、発見を楽しんだり、考えたりし、それを生活に取り入れようとする。 ③身近な事象を見たり、考えたり、扱ったりする中で、物の性質や数量、文字などに対する感覚を豊かにする。	①自然に触れて生活し、その大きさ、美しさ、不思議さなどに気付く。 ③季節により自然や人間の生活に変化のあることに気付く。 ④自然などの身近な事象に関心をもち、取り入れて遊ぶ。 ⑨日常生活の中で数量や図形などに関心をもつ。 ⑩日常生活の中で簡単な標識や文字などに関心をもつ。 ⑪生活に関係の深い情報や施設などに興味や関心をもつ。	②自然の大きさ、美しさ、不思議さなどに直接触れる体験を通して、子どもの心が安らぎ、豊かな感情、好奇心、思考力、表現力の基礎が培われることを踏まえ、子どもが自然との関わりを深めることができるよう工夫すること。 ③身近な事象や動植物に対する感動を伝え合い、共感し合うことなどを通して自分から関わろうとする意欲を育てるとともに、様々な関わり方を通してそれらに対する親しみや畏敬の念、生命を大切にする気持ち、公共心、探究心などが養われるようにすること。

配慮事項
ア 「10の姿」を考慮
イ 活動の時間に配慮

〈留意すべき事項〉
個人差、個別対応、人権
小学校・家庭・地域との連携

計画の見直し
環境の改善・工夫
← 自己評価 ← 記録 ← 環境構成・実践

4. 指導案の作成

	1歳以上3歳未満児の保育	3歳以上児の保育
ねらい	(1)明るく伸び伸びと生活し、自分から体を動かすことを楽しむ。 (2)自分の体を十分に動かし、様々な動きをしようとする。 (3)健康、安全な生活に必要な習慣に気づき、自分でしてみようとする気持ちが育つ。	(1)明るく伸び伸びと行動し、充実感を味わう。 (2)自分の体を十分に動かし、進んで運動しようとする。 (3)健康、安全な生活に必要な習慣や態度を身に付け、見通しをもって行動する。
内容	・保育士等の愛情豊かな受容の下で、安定感をもって生活をする。 ・食事や午睡、遊びと休息など、保育所における生活のリズムが形成される。	・保育士等や友達と触れ合い、安定感をもって行動する。 ・いろいろな遊びのなかで十分に体を動かす。 ・進んで戸外で遊ぶ。

・走る、跳ぶ、登る、押す、引っ張るなど全身を使う遊びを楽しむ。 ・様々な食品や調理形態に慣れ、ゆったりとした雰囲気のなかで食事や間食を楽しむ。 ・身の回りを清潔に保つ心地よさを感じ、その習慣が少しずつ身に付く。 ・保育士等の助けを借りながら、衣類の着脱を自分でしようとする。 ・便器での排泄に慣れ、自分で排泄ができるようになる。	・様々な活動に親しみ、楽しんで取り組む。 ・保育士等や友達と食べることを楽しみ、食べ物への興味や関心をもつ。 ・健康な生活のリズムを身に付ける。

　「保育所保育指針」には、「1歳以上3歳未満児の保育」および「3歳以上児の保育」という項目があります。ねらい・内容を指導計画に書くときには、その部分を参考にするとよいでしょう。「保育所保育指針」をはじめ「幼稚園教育要領」、「幼保連携型認定こども園教育・保育要領」について、学生の皆さんには実習前や指導計画の練習を講義内で行うときにのみ見るのではなく、普段から目に触れるようにしておきたいものです。

第2節 ICT を活用した教材研究と指導法の研究

❶ ICT を活用した教材研究

1. ICT 化の長所を知ろう

　指導計画の作成を、ICT 化することにより、教材研究において書くことの負担が軽減されることになります。学生の皆さんは、おそらく（ノート）パソコンやタブレット端末を持っている方が多いと思われます。パソコンやタブレットに入力していくことで、記入そのものを簡単に行うことができるでしょう。

　また、用紙を使用して記述する場合に、消しゴムなどの消しあとや、文字の丁寧さなど、教材研究の内容以外のことについて気にしてしまう傾向がありますが、ICT 化によりそういったストレスがなくなります。

2. 資料の管理が便利になる

　また ICT 化することにより、作成された教材に関する資料などを一元管理で

きたり、閲覧する場合にも手間がかからないため、スムーズに行うことができます。

さらにパソコン内に保存しておけば、データを紛失することもめったにありませんし、整理や整頓も不要になります。

見つけたい資料を探す時間も大分短縮されることになります。同じ資料を複数の人が閲覧することも可能になるので、職員間での確認もスムーズですし、承認者は作成状況の把握もできるようになります。

❷ 指導法の研究

1. 食育について

昨今、乳幼児の食育について課題が見られるようになってきています。とりわけ「離乳食」について子育て中の保護者からさまざまな意見が出ています。「食べる量が少ない」をはじめ、「偏食」「咀嚼が少ない」「作るのが負担になる」などは代表的なものであり、保護者が困惑している様子がうかがえます。このようなことから、乳幼児の子どもの保育をするうえで支援が必要になります。生まれてすぐの赤ちゃんを考えてみましょう。赤ちゃんは歯が生えていないこともあり、母乳や育児ミルクによる授乳が必須となります。その後、生後5か月を過ぎる頃になると、離乳食がスタートするようになり、赤ちゃんは安心ややすらぎ、ゆとりを感じることになります。離乳食は、すりつぶした食べ物に始まり、保育者がスプーンを使用して食べさせるようになり、さらには自分で固形物を手づかみなどで食べるようになります。朝昼晩の三食とおやつ（間食）を経験しながら、食生活を形成するようになります。空腹を自覚したり、好き嫌いが起こるのもこの頃に見られるでしょう。食べ物への関心を深めるため、食の話題も大切になります。

「保育所保育指針」では、「全体的な計画」において、「食育計画」を立案します。また保育所の特性を活かしながら、彼らの生活と保育、遊びを通じて、食事を楽しむことが大事になります。

「幼稚園教育要領」でも、先生と友達と食べることや食べ物への関心をもつこと、健康な生活のリズムを身につけるなど、子どもたちが食の大切さに気づき、進んで食べていく気持ちが大切となることがうかがえます。

食育の教材についてはさまざまありますが、絵本、紙芝居のほか、エプロンシアター、パネルシアターなども取り入れることができます。人体模型を絵に表現して、食べ物（消化）の流れを説明したり、エプロンシアターなどで、カレーや

すきやき（鍋物）を作り、一緒に食べることを目的としたものとして大いに活用できるでしょう。

2. 子どもの健康と遊びについて

　昨今、乳幼児の運動能力の低下の問題が深刻化しています。幼児期から運動習慣を身につけ、運動を行うことで、運動能力は高まります。とりわけ戸外遊びによって体全体を動かすことは大切であり、体を動かすことを楽しくする運動経験が求められます。

　運動の得意な子と苦手な子がいます。いろいろな子どもが存在するのですが、運動から離れることで、これからの長い人生のなかでさまざまな病気を引き起こすことになるかもしれません。「人生100年時代」と昨今いわれるようになりましたが、幼児期の子どもには、運動とのかかわりをもつことがとても大切になります。とはいえ、現代の幼児期の子どもたちは戸外で遊ぶこと以上に、部屋でポータブルゲーム機を使用して遊ぶことが多くなっていることが問題となっており、視力の悪い子どもたち、生活習慣病予備群の子どもたちをたくさん生み出しています。これらのことから、子どもたちの将来が大変心配になります。

　そこで遊び、とりわけ伝承遊びなどを今一度、実践していくことが最近見直されてきています。「伝承遊び」という言葉があるのに、親から子、子から孫へ、といわれる「伝承」がなされてきていない実情が見られるからです。

　こま、けんだま、おはじき、あやとり、ゴムとびなどを、昔の人々は、校庭や庭先、車道の片隅のスペースを使用してよくやったものです。

　「時間」・「空間」・「仲間」が欠如した子どもが多く、「三間（さんま）」の消滅がいわれていますが、それを覆すようにして、昔遊びに慣れ親しむことが今求められています。ぜひ学生の皆さんも実践してみるとよいと感じます。

第3節　保育の評価について知っておこう

　最後は保育の評価について学びましょう。保育計画の立案後には、そこで行われた実践がしっかりできていたかどうかを評価することが行われます。評価をすることで、次回の計画に活かされることになります。保育の質の向上は常に求められます。そのことにつながるものとなります。

　先程も本章のなかでふれましたが、「カリキュラム・マネジメント」は、各園

の園長を中心に、保育職員らの総意によって、成り立ちます。それは「P」(Plan：計画する)、「D」(Do：実践する)、「C」(Check：確認する)、「A」(Action：再度行う)といわれる「PDCAサイクル」のもと、行われることが多いといわれています。保育は園全体のチームプレイが肝心です。また、評価は保育の表面のみではなく、子どもの育ちや成長、変化とも大きくかかわることになります。保育者はしっかり評価を行い、省察する、そして省察したことを保育者間で研修などの機会を通じて、検討し合うことが大切となります。評価は保育者自らの成長にもつながります。

学習のまとめ

1. 5歳児の保育内容「健康」の指導案を作成してみましょう。
2. 1で作成したものを実習指導教員に見てもらいましょう。
3. 伝承遊び・運動遊びを実際に行うための教材研究をしてみましょう。
4. 学部（学科）の保育者を志望する学生らと作成した指導案を見せ合い、感想や意見を言い合いましょう。
5. 身近な保育実践を例に挙げて、PDCAサイクルについて考えてみましょう。

参考文献

- 花井忠征・野中壽子編『新保育ライブラリ――保育内容・方法を知る　保育内容健康（第3版）』北大路書房、2024.
- 池田裕恵編『子どもの元気を取り戻す保育内容「健康」――乳児期から幼児期の終わりまでを見通して 改訂第2版』杏林書院、2017.
- 酒井幸子・松山洋平編『保育内容健康――あなたならどうしますか？』萌文書林、2020.
- 松田繁樹・中野貴博編『新時代の教育双書　保育内容健康第2版』株式会社みらい、2018.
- 宮川三平編『保育内容指導法（健康）』文化書房博文社、2024.

第13章

緊急時の備え

本章のねらい

幼児期は運動能力が急速に発達し、活動意欲も高まる時期でもあります。子どもが健康で充実した毎日を過ごすためには、危険を自ら意識し、安全に気をつけて行動することが大切です。この章では、子どもがこれらの内容を体験的に理解し、自らの身を守っていく力を育むためには、保育者がどのような観点に気をつけて保育をしていかなければならないのかについて学びを深めていきましょう。

学習のポイント

- 「リスク」と「ハザード」の違いについて、具体的なケースも意識して考えてみましょう。
- 保育者が行う安全管理と保育者が子どもに対して行う安全指導について理解しましょう。
- 安全指導の計画について理解し、災害や事故発生時に保育者ができる取り組みについて学びましょう。

> **学習の準備**
>
> 私たちの身の回りには多くの危険が潜んでいます。授業をはじめとするさまざまな活動に伴うケガや事故、登下校での交通事故や転倒事故などが考えられます。また、近年では地震や台風などによる自然災害も多く発生しており、このような緊急時に対する備えの重要性を改めて認識しなければなりません。
>
> 保育現場は子どもたちが集団生活を送る場であり、身体だけでなく心も発達段階であることから、大人からは予想もできないようなきっかけでケガや事故につながることもあります。子どもたちが安心して安全に園での生活を送るためにも、子どもたちを取り巻く危険を理解し、その対策について理解を深めておきましょう。

第1節　保育におけるリスクとハザード

　子どもたちが家庭を離れて初めて集団生活を送る場でもある、保育所や幼稚園、認定こども園といった保育施設には、子どもたちを取り巻くさまざまな環境があります。保育者や同年代の子ども（友だち）といった人的環境、保育室や園庭、教具やおもちゃといった物的環境などとかかわりながら、遊びを中心とした園での活動を通して、安全で安心した生活を送っています。

　ところが、子どもたちを取り巻く環境には多くの危険が潜んでいることも忘れてはいけません。保育者は保育施設の内外を問わず、運動遊びや活動を行う場合、子どもの年齢による特性や、一人ひとりの身体機能の発育・発達の違いをとらえたうえでそれらの危険を見極め、安全対策を講じなければなりません。

　危険を表す言葉として、「リスク」と「ハザード」がよく使われます。この「リスク」と「ハザード」にはどのような違いがあるのでしょうか。

リスク：リスクとは、子どもが予測管理できる、遊びの楽しさを伴う危険のことで、「遊びの価値」の一つとしてとらえることができるとともに、子どもの成長や発達に役立ちます。

ハザード：遊びが本来持っている「冒険」や「挑戦」といった遊びの価値とは関係ないところで、事故を発生させる恐れのある危険を指します。

遊びには、ある程度の危険が伴うもので、それを乗り越えたときに生まれる達成感や自信、どうすれば危なくないかを考え対処していく危険回避能力や判断力を身につけていきます。例えば、一緒に遊ぶ年上の子どものまねをして、段差からジャンプしてみようと挑戦することは、危険を伴うけれど経験や達成感を育むことにつながります。このように、子どもたちにとって、遊びが学びの機会であることを踏まえて、「子どもの遊びに内在する危険性が遊びの価値のひとつでもあることから、事故の回避能力を育む危険性あるいは子どもが判断可能な危険性であるリスクと、事故につながる危険性あるいは子どもが判断不可能な危険性であるハザードに区分する」（『都市公園における遊具の安全確保に関する指針』国土交通省、2024）ことが必要です。

　実際に、保育施設等ではどのくらいの事故が起こっているのでしょうか。こども家庭庁の報告によると、教育・保育施設等で発生した死亡事故、治療に要する期間が30日以上の負傷や疾病を伴う重篤な事故等は、2023（令和5）年1月1日から12月31日の間に国に報告のあった件数が2772件（負傷が2763件、死亡の報告が9件）で、前年と比較して311件増加しています。負傷等の事故の発生場所は施設内が90％（2481件）を占め、そのうちの56％（1387件）は施設内の室外で発生していることが報告されています（『教育・保育施設等における事故報告集計』こども家庭庁、2024）。

　保育施設は0歳から小学校就学前の発達が著しい子どもたちが生活しています。年齢差だけでなく、同じ年齢であっても発達の個人差や家庭での経験値、同じ子どもであっても、面白さや好み、関心の程度によって、大人が思いもよらない行動をとることがあります。その行動次第で同じ環境であっても、子どもに対する危険性は常に変化しています。そのため、保育者は子どもの特性をしっかり理解し、それを基に「リスク」と「ハザード」を見極めることが重要です。

> 演習課題

　保育施設の各場所や活動の場面には、どのような危険が潜んでいるでしょうか。次のページのイラスト内で考えられる危険をできるだけ挙げてみましょう。

〈保育室〉

〈園庭〉

第2節　安全管理と安全指導

　子どもたちが家庭以外で生活をする場である保育施設には、安全で楽しく生活できるようにさまざまな事故防止のための取り組みがあります。

　これらの取り組みには、保育者が行う安全管理と、保育者が子どもに対して安全に過ごすための指導を行う安全教育に分けることができます。どちらか一方では、けがや事故を防止することは難しく、車の両輪のように、保育者をはじめとする子どもを取り巻く大人が安全を管理して環境を整えると同時に、子どもたち自身が危険を避け事故に巻き込まれないように、年齢や発達段階に応じて決まり事を指導することが重要です。

❶ 安全管理

　保育者をはじめとする大人が行うべき「安全管理」について考えてみましょう。子どもたちにとって、園での生活が健康で充実した毎日となるようにするためには、子どもたちが自ら「危険なこと」「危険なもの」を意識できるようになり、安全に気をつけて行動することができることが重要です。そのために、保育者はどのような観点に気をつけて保育をしていくべきなのでしょうか。

　まずは、対人管理が挙げられます。事故が起こらないように、もし万が一、事故や災害が起こってしまったときには、どのように子どもたちの安全を確保し、事故の拡大や二次災害を防ぐことができるか、ということをシミュレーションしておくことが大切です。日常的な事故防止のために、施設や設備・遊具などの安全点検を行ったり、事故発生時の報告等の手順、緊急連絡網などの作成による情報発信や情報収集、避難訓練や交通安全教室などの安全指導に関する指導計画の作成など、園長を中心として保育者が安全管理に必要な組織づくりを行います。

　一方、園舎や園庭などの施設や遊具などの整備と点検といった、園内にある物に対する管理（対物管理）も必要です。日々の掃除や活動の前に、子どもたちが安全に使うことができるように点検することはとても大切なことです。また、自然災害が起こったときに備えた緊急持ち出し用品を準備し定期的に点検する、簡単な応急処置ができるだけの救急用品を用意し、その使い方などを把握しておくことも子どもたちの安全を守ることにつながります。

　これらの「対人管理」「対物管理」を通して、危険とはどういうことかを学び、危険に対する意識をもつことで「危険を知る」ことができ、その危険を「避け

る」行動を起こすこととなり、将来の危険を回避できる「危険予知能力を養う」ことになるのです。

❷ 安全指導

　一方、安全教育ではどのようなことに気をつけて行っていく必要があるでしょうか。

　保育者は子どもたち自身が安心して過ごすことができる安全な環境をつくり、一人ひとりに応じた心身の発達を育むことができるようにするとともに、安全な生活に必要な知識と技術を子どもたちが獲得できるような教育を行っていくことが重要です。

　前述したように、子どもたちを取り巻く環境にはさまざまな危険が潜んでいます。

　成長、発達に伴って、子どもたちの行動範囲は広がり、身体の使い方もダイナミックになります。また、友だちとの遊びも広がるため、事故が起こりやすくなります。遊ぶ場所、遊び方や用具の使い方、友だちとの用具の貸し借りなど、安全に楽しく遊ぶための決まり事（ルール）、順番などについて、発達段階に応じた言葉がけで理解させていくことが必要です。

　また、社会環境の悪化によって、子どもたちが巻き込まれる事故や事件が増加している点にも注意が必要です。交通ルールの指導や犯罪に巻き込まれないように防犯意識を養うことも重要です。

　一方、乳児期は行動範囲も狭く、できることが限られていることから、家の外よりも家の中のほうが事故が起こりやすいというデータがあります。つまり、ほとんどが防ぐことのできる事故であるといえます。乳児期の行動パターンや発達に伴って想定される事故を予測し、その危険を回避することが安全へとつながるのです。

　子どもの事故には、子ども特有の原因と特徴がみられます。
①身体的な面では、身体の諸機能の発達が未熟であり、身体の使い方や動き方が不十分であったり、身体に対して頭が大きく重心が高い位置にあるためバランスが悪く転びやすい、という特徴もあります。
②知的な面では、何が危険なのか、といった安全や危険に対する知識や認識を獲得するだけの体験値が少ないことが考えられます。
③精神的な面では、発達段階において自我の目覚めや友だちとのかかわりなどの場面で自分の感情をコントロールすることが難しい時期では、感情のままに行

動してしまい、周囲への注意力が散漫となって事故につながることが多くみられます。

④社会的な面では、園での生活を通して社会性を身につけている途上であるために、ルールや決まり事を理解したり道徳性を確立していないという面も考えられます。

第3節　保育施設における安全指導の計画

　子どもたちが安全で安心した園生活を送るためには、日々の保育活動における安全指導だけでなく、園の年間指導計画に取り入れ、園全体で安全指導を実施していくことが望まれます。年間指導計画に取り入れられる安全教育の代表的なものとして、交通安全指導と避難訓練があります。保育者をはじめ、保護者や地域との連携も視野に入れて、子どもたちの安全を確保していきましょう。

❶ 交通安全指導

　子どもたちは登園・降園時や園外保育に出かけるときなど、日常のなかで交通ルールに沿った生活を送っています。定期的に地域の交通安全指導員等による交通安全教室を実施することも大切ですが、日々の保育活動のなかで子どもたちの安全に対する態度を習慣化することで、体験的に身につけられるようにすることも重要です。

・登園・降園時やお散歩などの園外保育に出かけるときに、列をつくって歩く、信号待ちをする、横断歩道を渡る、など交通ルールを体験的に学ぶことができます。
・送迎バスでの乗降では、整列して乗車する、バスの中では座席に深く座るなど、車内で安全に過ごすためのルールやマナーを学びます。
・園での生活だけでなく、家庭での生活でも交通安全に取り組んでもらえるよう、保護者への協力を依頼することも必要です。
・子どもの視野は大人に比べて目線の高さが低い、視野が狭い、という特徴があります。保育者はこれを理解したうえで、子どもから周囲がどのように見えているのかを意識して指導することが重要です。
・年間指導計画のなかに園全体の行事として交通安全教室の開催を取り入れ、地域との連携を図ることも大切です。

第13章　緊急時の備え

❷ 避難訓練

　また、避難訓練も年間指導計画に取り入れたい安全教育の一つです。1995（平成7）年の阪神淡路大震災、2011（平成23）年の東日本大震災、2016（平成28）年の熊本地震、2024（令和6）年の能登半島地震といった地震被害をはじめ、2019（令和元）年には千葉県での台風による水害など、日本は自然災害の多い国でもあります。自然災害は予測ができない場合がほとんどなので、災害が起こったときに慌てないために避難訓練を実施して、備えておくことが重要です。

　その地域がどのような災害の被災地になりやすいのか、地震による建物の崩壊、津波による影響、河川の氾濫といった地域の実態に合わせて、必要な訓練を計画することが必要です。地域の危険区域については、国土交通省が『ハザードマップポータルサイト』を整備し、ハザードマップを公開すると同時に、各自治体のハザードマップや災害対策ガイドにリンクするようになっています。保育施設等の所在地ならびにその周辺地域の状況を把握するとともに、避難経路等を保育者間で確認・共有しておきましょう。

　避難訓練では、避難経路を使って避難場所まで子どもたちと実際に移動することで、移動にかかる時間や避難経路の状況（坂道や階段があるのか等）を確認しておきましょう。避難訓練とともに保護者への引き渡し訓練まで実施できるように計画すると、災害発生時の保護者との連絡手段をシミュレーションすることも可能です。保護者にも協力を仰いで計画的に実施しましょう。

　子どもたちへの具体的な指導では、「お・は・し・も」を使って、どのような行動をとると自分の身を守ることができるのかを意識できるように伝えていきましょう。

　　お：おさない（急いで逃げようとお友達を押さないように避難しましょう）
　　は：はしらない（慌てず、周りを見て確認しながら避難しましょう）
　　し：しゃべらない（先生のお話が聞こえるようにしましょう）
　　も：もどらない（何か忘れ物をしても、取りに戻らず避難しましょう）

　「お・は・し・も」は、日常の保育活動のなかで折に触れて伝えたり、言葉だけでなく視覚的に説明するほうが理解しやすい場合もあるので、子どもたちの年齢や発達段階に応じた働きかけを工夫しましょう。

第4節　災害や事故発生時の保育者のかかわり、保護者、地域連携

　災害や事故は予期しないタイミングで起こることが多いものです。災害や事故が起こったときに、できるだけ冷静に子どもたちの命と安全を守るために、普段からどのような取り組みをしておけばよいでしょうか。保育施設や保育者間、保護者とのかかわり、地域とのかかわりに分けて考えてみましょう。

❶ 保育施設・保育者のかかわり

　保育所保育指針（2017）には、災害時の備えとして、①施設・設備等の安全確保（防火設備や避難経路等の定期的な点検、備品や遊具等の整備）、②災害発生時の対応体制および避難への備え（緊急時の対応に関するマニュアルの作成、定期的な避難訓練の実施、保護者との連携の確認）、③地域の関係機関等との連携（避難訓練等を含めた地域の関係機関との日常的な連携）を行うことが示されています。保育所においては、日頃から全職員が危機管理への意識をもち、環境整備を行うことやさまざまな状況を想定した訓練を行うことなどが求められています。

　こども家庭庁では、これまでの教育・保育施設等での事故報告集計を基に、各施設・事業者、地方自治体における事故発生の防止や事故発生時の対応の参考として『教育・保育施設等における事故防止及び事故発生時の対応のためのガイドライン』（こども家庭庁、2016）を作成しています。このガイドラインには、安全な教育・保育環境を確保するための配慮点について、睡眠中、水遊び・プール活動、食事中や玩具の誤嚥、食物アレルギーなど重大事故が発生しやすい場面ごとの注意事項だけでなく、事故が発生した場合の具体的な対応方法、設備等の安全確保に関するチェックリストなども記載されており、事故の発生防止（予防）のための取り組みが示されています。ガイドラインに記載されている内容や具体例を参考に、保育施設および保育者間でそれぞれの実情に応じた施設内外の安全点検や危険箇所の確認、安全体制づくりなどを行うようにしていきましょう。

❷ 保護者との連携

　大規模災害が発生した際には、電話等の通信網の混乱が起こるため、必ずしもすぐに保護者と連絡が取れるとは限りません。連絡手段がなかったり保護者がす

ぐに子どもを引き取りに来ることができない場合も考えられます。そのため、日頃から災害時における保護者との連絡方法や対応について共有しておく必要があります。東日本大震災のときも、携帯電話や固定電話の回線は復旧までに時間がかかったという例もありますので、災害時用の公共 Wi-Fi を利用した保育所の Web サイトや SNS の活用等、複数の連絡手段を決めておくことが重要です。

　子どもの引き渡しも混乱とトラブルが発生しやすくなります。前述したように、避難訓練の際に保護者への引き渡し訓練を同時に行うなど、保護者と連携を取れるようにしておきましょう。

❸ 地域との連携

　保育施設等の所在地や近隣地域の特性について、管轄の役所に設置してある地図や各地域の情報（自然災害の被害想定；ハザードマップ他）を参考に、警察署や消防署、自治体の関連部署に対して、避難場所や避難経路を共有しておくとともに、大規模災害の発生時で想定した連絡手段の確保やマニュアルの作成を整備しておくようにしましょう。

> **学習のまとめ**

1．次に挙げた各用語について、保育施設における意味を理解し、わかるように整理しましょう。

　　リスク、ハザード、安全管理、安全指導

2．表に挙げた保育施設における具体的な危険を記入し、その対応や回避する方法についてグループで話し合ってみましょう。

場所および備品等		予測される危険	危険を回避する方法
園庭	門扉		
	塀や柵		
	固定遊具		
	砂場		
	遊具		
	その他		
園舎内	玄関・出入口		
	廊下		
	階段		
	保育室		
	ホール		
	調理室		
	トイレ		
	手洗い場		
	窓		
	棚		
	机		
	おもちゃ		
	その他		

第13章　緊急時の備え

参考文献

- 松田博雄、金森三枝編『新基本保育シリーズ16 子どもの健康と安全』中央法規出版、2019.
- こども家庭庁「教育・保育施設等における事故防止及び事故発生時の対応のためのガイドライン」2016.
- こども家庭庁「こどもを事故から守る！ 事故防止ハンドブック」2024.
- こども家庭庁「令和5年教育・保育施設等における事故報告集計」2024.
- 国土交通省「都市公園における遊具の安全確保に関する指針（改訂第3版）」2024.
- 坂東愛理香「保育の遊び場面における「危険性」概念の構造──「ハザード」「リスク」に着目して」『保育学研究』第60巻第2号、2022.

第14章

架け橋期の保育と健康

本章のねらい

幼保小の接続において、国がどのような取り組みを行っているのか、また幼児期の園生活で育みたい資質と能力から小学校学習指導要領で示されている育成を目指す資質・能力にどのように接続していくのか学びます。さらに、幼児期における生活習慣の問題をとらえ、生活習慣の改善や身体機能向上のために求められることは何か理解しましょう。

学習のポイント

- 幼保小の接続について、どのような取り組みがなされているのか、また園生活で育みたい資質と能力がどのように小学校教育につながっているのか理解しましょう。
- 小学校体育では、何を目標として行われているのか、また、低学年の学習指導要領に示されている、「体つくりの運動遊び」では、どのような内容が行われているのか理解しましょう。
- 小学生までに育てておきたい生活習慣や身体機能について、近年の幼児における生活習慣の問題から考えてみましょう。

学習の準備

本章では、幼児期から学童期へどのように接続していくのか考えていきます。

幼保小接続とは何か、架け橋期の保育とはどのような内容を加味したらよいのか、また、小学校までに育てておきたい生活習慣や身体機能は何か。そして、幼児期から児童期の問題は何かを一緒に考えていきましょう。

第1節 架け橋期の保育・教育

❶ 幼保小接続とは

　幼保小の接続とは、幼稚園、保育所、認定こども園と小学校の教育課程が連携して行われ、子どもの発達や学びの連続性をもたせることを目的としています。この連携した接続により、子どもたちが幼児期から小学校にかけての学びや生活が円滑に移行できるようにするものです。主に、教育内容の整合性をもたせたり、教員同士の情報共有を促進したりすることが行われています。それにより、子どもたちの成長や発達を支援する環境を整えることができます。幼保小接続において、子どもの主体性と保育者の意図性をバランスよく組み合わせた、質の高い学びを支える環境のあり方やかかわり方が求められているのです。

❷ 幼保小接続の取り組み

　文部科学省は、2021（令和3）年に幼児教育の質的向上および小学校教育との円滑な接続について専門的な調査審議を行うため、中央教育審議会初等中等教育分科会の下に、「幼児教育と小学校教育の架け橋特別委員会」を設置し、2022（令和4）年度から「幼保小の架け橋プログラム」として、子どもにかかわる大人が立場を越えて連携し、架け橋期（義務教育開始前後の5歳児から小学校1年の2年間）にふさわしい主体性・対話的で深い学びの実現を図り、一人ひとりの多様性に配慮したうえで、すべての子どもに学びや生活の基盤を育むことを目指すとしています。

　そして、2023（令和5）年には「学びや生活の基盤をつくる幼児教育と小学校教育の接続について〜幼保小の協働による架け橋期の教育の充実〜」が取りま

とめられました。

その後、幼保小の関係者において手引き等を活用しながら「幼保小の架け橋プログラム」を実施できるよう、手引き等に関する理解を深めるための動画も作成し、幼児教育と小学校教育の接続に関する自治体における研修や園、学校内での研修などの機会に活用できるようになっています。

❸ 幼保小で育みたい資質や能力

園の生活で育みたい資質や能力を、保育所は保育所保育指針、認定こども園は幼保連携型認定こども園教育・保育要領、幼稚園は幼稚園教育要領のなかの幼児教育を行う施設として共有すべき事項として示されています。また、小学校教育のなかでは、小学校学習指導要領によって示しています。この双方の内容が対応していることを確認しておきましょう（表14-1）。

表14-1　園生活で育みたい資質や能力と小学校学習指導要領で育成を目指す資質・能力

園生活で育みたい資質や能力	小学校学習指導要領で育成を目指す資質・能力
豊かな体験を通じて、感じたり、気付いたり、分かったり、できるようになったりする 「知識及び技能の基礎」	「知識及び技能」の習得
気付いたことや、できるようになったことなどを使い、考えたり、試したり、工夫したり、表現したりする 「思考力、判断力、表現力等の基礎」	「思考力、判断力、表現力等」の育成
心情、意欲、態度が育つ中で、よりよい生活を営もうとする 「学びに向かう力、人間性等」	「学びに向かう力、人間性等」の涵養

つまり、幼児の教育（保育）から学童期へ一貫した内容が行われるように示されているのです。そして、これらの資質・能力は、幼児の日常生活で行われる「遊び」によって育むことができるのです。

❹ 幼児教育から小学校教育へ

それでは、具体的にどのようなことなのか解説していきます。

指針・要領では「幼児期の終わりまでに育ってほしい姿」（10の姿）で、健康な心と体、自立心、協同性・道徳性、規範意識の芽生え、社会生活とのかかわ

り、思考力の芽生え、自然とのかかわり・生命尊重、数量や図形・標識や文字などへの関心・感覚、言葉による伝え合い、豊かな感性と表現の 10 の姿を掲げています。

小学校学習指導要領では、幼児教育との接続についてどのように示されているのでしょうか。

2017（平成 29）年 3 月に告示され、2020（令和 2）年 4 月 1 日に全面実施された「小学校学習指導要領」（文部科学省、2018）には、幼児期の教育との接続および低学年における教育全体の充実として、次のように示されています。

第 1 章総則第 2—4

> (1) 幼児期の終わりまでに育ってほしい姿を踏まえた指導を工夫することにより、幼稚園教育要領等に基づく幼児期の教育を通して育まれた資質・能力を踏まえて教育活動を実施し、児童が主体的に自己を発揮しながら学びに向かうことが可能となるようにすること。（一部抜粋）

そして、この「幼児期の終わりまでに育ってほしい姿」（10 の姿）を手がかりに幼稚園の教師等と子どもの成長を共有することを通して、幼児期から児童期への発達の流れを理解することが大切であり、小学校においては、10 の姿を踏まえた指導を工夫することにより児童が主体的に自己を発揮しながら学びに向かい、幼児期の教育を通して育まれた資質・能力をさらに伸ばしていくことができるようにすることが重要であることが掲載されています。

このように、小学校で行われている授業は、10 の姿を考慮して授業計画がなされています。要は、10 の姿は、子どもと密にかかわりをもつ保育者と小学校の教員が、子どもの育ちについて共有できる具体的な内容を示した、道しるべの一つなのです。これをもとに幼保から小学校への接続をどのように進めていくのか、多くの幼保小が日々の保育内容や授業計画を考えているのです。

❺ 小学校体育で身につけたいこと

幼保小の接続について考えながら、ここからは、どのように小学校体育において、低学年の授業が行われているのか確認していきたいと思います。

小学校学習指導要領の体育編では、目標として、体育や保健の見方・考え方を働かせ、課題を見つけ、その解決に向けた学習過程を通して、心と体を一体としてとらえ、生涯にわたって心身の健康を保持増進し、豊かなスポーツライフを実

現するための資質・能力を育成するために、次のように示しています。
(1) その特性に応じた各種の運動の行い方及び身近な生活における健康・安全について理解するとともに、基本的な動きや技能を身に付けるようにする。
(2) 運動や健康についての自己の課題を見付け、その解決に向けて思考し判断するとともに、他者に伝える力を養う。
(3) 運動に親しむとともに健康の保持増進と体力の向上を目指し、楽しく明るい生活を営む態度を養う。

要するに、小学校体育の授業では、心と体の育ちを一体的にとらえて、からだを動かすことで、健康を保持することや増進させること、体力・運動能力が向上することを目指しているということです。

❻ 体つくりの運動の構成

そして、ここが大きなポイントといえます。2008（平成20）年の学習指導要領改訂から、小学校1学年および2学年の領域および内容において、将来的にスポーツをするうえでの体力や技能を向上させるために必要であるさまざまな体の動きが身につくよう、領域名を「体つくりの運動遊び」とし、内容を「体ほぐしの運動遊び」および「多様な動きをつくる運動遊び」として新たに構成がなされました（図 14-1）。

図 14-1　体つくりの運動遊びの構成

出典：文部科学省「体つくり運動について」p.8〜13、2018.

つまり、小学校体育では、子どもたちに身につけさせたい内容を「技能（運動）」「態度」「思考・判断」の三つで各運動領域の内容を構成していますが、「技能」については、運動の特性や魅力に応じて指導することを重点にし、1学年および2学年では内容領域を基本的に「運動遊び」として示しています。これは、幼児期から児童期へ移行してきたばかりの頃は、運動が、どきどき、わくわく、そしてのびのびと体を動かす楽しさや心地よさを味わう「遊び」であることを強く示しているのです。つまり、運動の特性や魅力に応じて指導をするということ

は、授業のなかで行った運動遊びを楽しく行うことで、基本となる体の動きや各種運動の動きを身につけるとしているのです。

❼ 体ほぐしの運動遊びと多様な動きをつくる運動遊び

それでは、もう少し内容を詳しく見ていきましょう。

内容は大きく二つ「体ほぐしの運動遊び」と「多様な動きをつくる運動遊び」です。

「体ほぐしの運動遊び」は、手軽な運動遊びを行い、体を動かす楽しさや心地よさを味わうことを通して、自己の心と体の変化に気づいたり、みんなでかかわり合ったりする運動遊びです。体ほぐしの運動遊びの指導内容は、「知識及び運動」「思考力、判断力、表現力等」「学びに向かう力、人間性等」としています。体ほぐしの運動遊びは、自分の感じた思いや相手の気持ちなどの心の変化と自分のからだの動きや他者の動きなどの体の変化に気づいたり、みんなでかかわり合ったりすることがねらいです。各領域と同じ「知識及び技能」ではなく、「知識及び運動」としていることからも特定の技能を求めていないことがわかります。

「多様な動きをつくる運動遊び」は、「体のバランスをとる運動遊び」「体を移動する運動遊び」「用具を操作する運動遊び」「力試しの運動遊び」の四つの動きを取り扱い、さまざまな基本的な動きを身につける運動遊びです。多様な動きをつくる運動遊びでは、体力を高めることを直接目的として行うのではなく、楽しく運動しながら、体の基本的な動きを総合的に身につけることをねらいとし、結果として体力も高まっていくと想定がされています。

文部科学省が作成した「多様な動きをつくる運動遊び」の例を紹介します（図14-2）。

例のように、回る、這う、くぐる、運ぶなどの多様な動きを経験することによって、動きのレパートリーを増やすことや、また、いくつかの動きを組み合わせた動きを経験することで、無駄な動きが少なくなり、動きの質を高めていくのです。

文部科学省では、パンフレットだけでなく動画も作成し、授業計画に役立てようとしています。参考資料として以下に示します。

動画①「小学校低学年体育〜02 体ほぐしの運動」文部科学省
動画②「小学校低学年体育〜03 多様な動きをつくる運動遊び」文部科学省

ここまで、小学校学習指導要領の体育について解説してきましたが、皆さんのイメージしていた小学校体育と比べていかがだったでしょうか。イメージしていた小学校体育は、跳び箱であれば開脚跳び、鉄棒であれば逆上がり、校庭を何周

も走らされるといったイメージはないでしょうか。

しかし、そのようなイメージをもっていても仕方がありません。過去にそのよ

図 14-2　多様な動きをつくる運動遊びの紹介

出典：文部科学省「多様な動きをつくる運動（遊び）パンフレット」pp.9-16、2008.

うな体育の授業が行われていたことは事実であって、特に大人である皆さんの多くはそのような授業がなされていたのではないでしょうか。小学校低学年の目標および内容において、運動遊びが明記され、多様な動きを促すことは、まさに保育内容の領域「健康」と連動しているといえます。時代の変化とともに小学校体育も変化していることを、ここではおさえておきたいところです。

また、同じように生活科の授業においても、小学校学習指導要領の解説を見ていくと、指導計画作成上の配慮事項として、「幼稚園教育要領等に示す幼児期の終わりまでに育ってほしい姿との関連を考慮すること。特に、小学校入学当初においては、幼児期における遊びを通した総合的な学びから他教科等における学習に円滑に移行し、主体的に自己を発揮しながら、より自覚的な学びに向かうことが可能となるようにすること。その際、生活科を中心とした合科的・関連的な指導や、弾力的な時間割の設定を行うなどの工夫をすること」が明記されています。

このように、小学校学習指導要領では、心と体の育ちを一体的にとらえた指導が求められており、体育科や生活科の目標は、保育内容と連携しており、運動遊びを通じた健康の保持増進や、生活科による幼児期との接続が示されています。これにより、小学校低学年での運動能力や生活習慣が無理なく引き継がれ、学童期に向けたスムーズな移行が実現していくのです。

演習課題

小学校体育では、幼児期から引き継がれる運動遊びのなかで、どのような育ちを期待しているのでしょうか。整理してみましょう。

第2節 小学校までに育てておきたい生活習慣や身体機能

健康の3要素—休養（睡眠）、栄養（食事）、運動（運動遊び）は、相互に関連し合いながら、子どもたちの生活リズムを形成します。特に、運動は心理的な欲求に基づくため、子どもが「楽しい」と感じる状況を作り出すことが重要であるといえます。幼児期から児童期において望ましい生活習慣を身につけることが、健康的な成長を促進する鍵となるのです。

前橋[1]は、社会の生活環境の変化に伴い、幼児の生活習慣が乱れ、睡眠不足や運動不足、不規則な食事が問題視され、これらの問題が子どもの体調不良につながることを指摘しています。特に、就寝時刻の遅れやテレビ・ビデオ視聴の長

時間化が、睡眠の質に悪影響を及ぼしているとしています。加えて、石井ら[2]によると、約3割の幼児が午後10時以降に就寝しており、睡眠時間が短いことが明らかになっています。一方で、泉ら[3]によると、外で遊ぶことが多い幼児は、早寝早起きを実現しやすいことを明らかにし、このことから、睡眠時間を確保するためにはテレビ・動画などのメディア使用時間を短縮し、外遊びの時間を増やすことが効果的であるとしています。

宮本[4]は、幼児期から高校期にかけて、推奨される睡眠時間を満たしていない実態があると報告しています。特に、朝食は多くの子どもが摂取しているにもかかわらず、朝に排便できる割合は2～4割にとどまっており、この問題は年齢を超えて共通していることを指摘しています。さらに、デジタルメディアの利用増加がスクリーンタイムを増大させることを懸念しています。

このように、幼児期からの不適切な生活習慣は、成長に伴いさらに深刻化することを想定し、早期からの改善が今求められているのです。

ここからは、休養（睡眠）、栄養（食事）、運動（運動遊び）のそれぞれの観点から、問題と解決策を一緒に考えてみましょう。

❶ 休養（睡眠）

幼児・児童・生徒に必要な睡眠時間の基準として1～5歳の幼児では10時間以上、6～10歳では9時間30分以上、11～12歳では9時間以上の夜間の連続した睡眠が推奨されていますが、近年の幼児・児童・生徒の睡眠の実態は男女ともに、すべての学年において遅寝・短時間睡眠の実態が明らかにされています（図14-3、図14-4）。

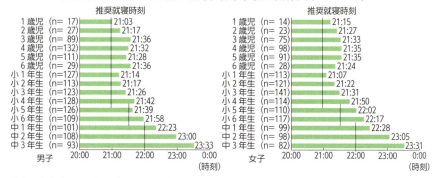

図14-3　保育園児・児童・生徒の就寝時刻（埼玉県所沢市、2019）

出典：宮本雄司・前橋明「小学生・中学生の学力別にみた生活習慣の実態と加齢に伴う健康管理上の課題」『レジャー・レクリエーション研究』94巻、pp.5-24、2021．を一部改変

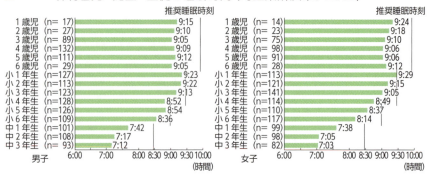

図14-4 保育園児・児童・生徒の睡眠時間（埼玉県所沢市、2019）

出典：宮本雄司・前橋明「小学生・中学生の学力別にみた生活習慣の実態と加齢に伴う健康管理上の課題」『レジャー・レクリエーション研究』94巻、pp.5-24、2021. を一部改変

起床してから大脳の働きが高まるまで2時間程度のウォーミングアップ[5]が必要とされており、幼児であれば、園での活動が始まる2時間前の7時までに起床する。小学生であれば授業が始まる2時間前の6時30分までに起床しておくことが推奨されています。しかし、起床時刻においても、男女ともに、小学1〜6年生は平均起床時刻が6時30分以降の遅起きの傾向が見られます（図14-5）。

図14-5 保育園児・児童・生徒の起床時刻（埼玉県所沢市、2019）

出典：宮本雄司・前橋明「小学生・中学生の学力別にみた生活習慣の実態と加齢に伴う健康管理上の課題」『レジャー・レクリエーション研究』94巻、pp.5-24、2021. を一部改変

　睡眠不足や遅起きの状態では、授業開始時に大脳が働く準備ができておらず、集中力や内容理解も乏しい状況になり、学習効果が低くなってしまうことや睡眠不足による「ねむい」「あくびがでる」などの朝の疲労症状が増加してしまうことから、体への影響も懸念されます。

　以上のことから、休養（睡眠）は、疲労回復だけでなく、幼児期から児童期の発育・発達を促すことや生活リズムを整えるうえでも重要であることを理解しておくことが必要です。そして、保育者や教員は、これらの休養（睡眠）の重要性

を子どもや保護者に正しく伝えていく必要があるのです。

❷ 栄養（食事）

1. 朝食の欠食問題

　朝食は、体のエネルギー供給や脳の働きを支えるうえで重要なものです。また、朝食を摂ることで、体内時計や消化器系のリズム、排便のリズムも整えられるため、健康的な生活を送るためには、朝食を欠かさず摂ることが望まれます。特に、成長期の幼児・児童にとっては欠かせないものです。

　しかし、先行研究によれば、約1割の幼児・児童・生徒が朝食を欠食している状況があります（図14-6）。

図14-6　保育園児・児童・生徒の朝食摂取状況の人数割合（埼玉県所沢市、2019）

出典：宮本雄司・前橋明「小学生・中学生の学力別にみた生活習慣の実態と加齢に伴う健康管理上の課題」『レジャー・レクリエーション研究』94巻、pp.5-24、2021．を一部改変

これは体調不良や自律神経の乱れなどの健康面でのリスクだけでなく、朝食の欠食により脳のエネルギーを確保できず、日常生活がままならないことや、学業に集中することができないことも懸念されます。要因の一つとして考えられる睡眠不足を解消することで、食欲不振を起こさないようにしていくことも大切であるといえるでしょう。

2. 不規則な排便習慣

　また、欠食の問題だけではありません。9割の幼児・児童・生徒が朝食を食べているとされていますが、実際に朝の排便ができているのは2〜4割[6)]とされています（図14-7）。

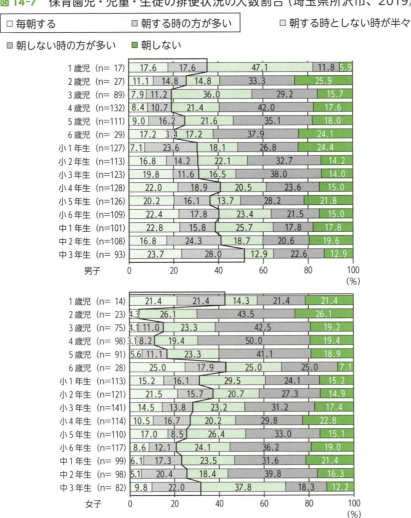

図14-7　保育園児・児童・生徒の排便状況の人数割合（埼玉県所沢市、2019）

出典：宮本雄司・前橋明「小学生・中学生の学力別にみた生活習慣の実態と加齢に伴う健康管理上の課題」『レジャー・レクリエーション研究』94巻、pp.5-24、2021. を一部改変

この要因として次のようなことが考えられます。一つ目は、夕食時刻の遅さです。夕食の時刻が遅くなることで、朝食までの時間が短くなり、消化器系の機能が十分に働かないことが影響しています。二つ目は、食事内容の不十分さです。ご飯にふりかけだけ、食パン1枚だけ、フルーツだけ、お菓子やビスケットなど、栄養価の低い朝食が多く、これが朝の排便に影響を与えています。

　朝食を摂り、末梢臓器の体内時計を正常に保つことで、食後約8時間が経過すると、胃と小腸は空の状態になります。この時に朝食を摂取することで、胃に刺激が加わり、「大蠕動運動」が促進され、便通を助ける仕組みがあります。このように、朝食は身体の生理的なリズムを整える役割を果たしているのです。このような生理的なリズムを整えていくためには、家庭と教育機関が協力し、良好な食習慣と排便習慣を育むことが求められているのです。

❸ 運動（運動遊び）

1. 推奨される運動遊びの時間

　文部科学省による幼児期運動指針では、幼児はさまざまな遊びを中心に、毎日、合計60分以上、楽しく体を動かすことが大切であることを示しています。また、世界保健機関（WHO）をはじめとし、多くの国々でも幼児を含む子どもの心身の健康的な発達のために「毎日、合計60分以上の中強度から高強度の身体活動」を推奨しており、この目安は近年の世界的なスタンダードといえるでしょう。

　しかし、幼児期から児童期にかけて、運動能力や体力の発達には、外遊びの時間が重要であることが明らかになってはいますが、多くの幼児が1日1時間未満しか外遊びをしていない[7]こと、さらには小学生でも運動時間が不足していることが問題視されています。

2. 減少する運動時間とその影響

　幼児期は運動能力や身体的スキルを獲得する重要な時期であり、外遊びを通じてさまざまな動きを経験することが必要なのですが、近年の生活環境では、安全に遊べる場所が不足していることや身近に一緒に遊ぶ仲間がいないこと、そして習い事や親の都合で遊ぶ時間がないことで、子どもたちは運動遊びの機会を制限されています。また、核家族化や共働き家庭の増加により、親が子どもと一緒に遊ぶ時間が減少し、これが運動量の低下に影響していることも考えられます。

　さらに、運動遊びの機会が減ることは、身体的な影響にとどまらず、心の発達

にも影響を及ぼします。遊びを通じて社会性やコミュニケーション能力の発達の機会が失われることは、幼児期から児童期だけにとどまらず、それ以降の学びや人間関係においても問題を引き起こす可能性を危惧します。

3. 幼児期に経験させたい運動遊び

　幼児期における運動遊びは、心身の発達にとって重要な役割をもっています。遊びを中心とした身体活動は、多様な動きを身につけることはもちろん、心肺機能や骨形成にも関係していきます。また、幼児期は神経系の機能が著しく発達する時期であることから、協応性や敏捷性、平衡性、巧緻性などの調整力を育てるような運動をしっかりとさせたいものです。

　さらに、非日常的な動きである逆さ感覚や回転感覚、支持感覚を育てる倒立や回転運動、反射能力や危機を回避する鬼遊びやボール遊び、身体認識や空間認知を育てるトンネル遊びや縄遊び等の運動の機会を積極的に遊びに取り入れたいものです。

　そして、幼児期に身についた能力は、新しい動きを習得する際や外界から身を守るために役立っていきます。日常的に体を動かして遊ぶことが、心肺機能や筋力、持久力の向上を促し、児童期以降の運動機能の基礎を形成していくのです。

　幼保小の接続が、子どもたちの成長を支えるために重要であり、そのためにこの接続を通じて、幼児期の教育と小学校教育の間に一貫性をもたせる取り組みがされていることを知ることはできたでしょうか。

4. 教育者間の情報交換

　幼保小の接続において、教育者間の情報交換は不可欠です。幼稚園や保育所、認定こども園の保育者が、子どもたちの発達段階や個々のニーズを小学校の教員に伝えることで、より適切な教育を提供することにつながっていきます。また、小学校教員が幼児期の教育方法や子どもたちの遊びの重要性について理解することで、学習環境がより円滑になります。しかしながら、お互いに情報を共有する時間が確保できないのも事実です。はじめにも紹介した「幼保小の架け橋プログラム」といった国が主導となり、効果的な接続の枠組みを整えていくことが重要であるといえます。さらに、子どもたちの成長を支えるためには、家庭や地域の理解と協力も不可欠です。保護者や地域社会と連携し、保育者、教員が保護者や地域と情報を共有し、家庭、地域での学びをサポートすることが、子どもたちの全体的な成長につながるのです。

最後に、幼保小の接続を通じて、すべての子どもたちがもつ多様な能力や興味を尊重し、個々の成長を支える教育が実現されることを期待します。

学習のまとめ

1．小学校へ接続していくために、どのような保育を展開していくことが求められているのか整理しましょう。
2．架け橋期の子どもが抱える問題について保育者として、どんなことが求められているのか整理し、今後の必要とされる支援について考えてみましょう。

引用文献

1) 前橋明「食べて、動いて、よく寝よう！――子どもが生き生きする3つの法則」『食育学研究』第8巻第1号、pp.4-15、2013.
2) 石井浩子・前橋明「夜型社会の中での幼児の生活リズムと体力、身体活動量との関係」『幼児体育学研究』第10巻第1号、pp.45-54、2018.
3) 泉秀生・前橋明「沖縄県に住む幼稚園幼児の生活実態に関する研究」『レジャー・レクリエーション研究』第81号、pp.1-7、2017.
4) 宮本雄司・前橋明「幼児期から高校期までの学年別にみた生活習慣変化課題」『保育と保健』第27巻第2号、pp.41-46、2021.
5) 前橋明「成長期の子どもの生活リズム、健康不思議発見ニュース」p.4、健学社、2017.
6) 前橋明監、門倉洋輔編『幼児と健康』pp.15-28、大学教育出版、2024.
7) 髙橋昌美「幼児の生活と余暇時間の過ごし方および健康管理上の課題」2020年度早稲田大学博士論文、2020.

参考文献

・文部科学省「幼保小の架け橋プログラム」2022.
・文部科学省「学びや生活の基盤をつくる幼児教育と小学校教育の接続について――幼保小の協働による架け橋期の教育の充実」2023.
・厚生労働省「保育所保育指針」2017.
・内閣府・文部科学省・厚生労働省「幼保連携型認定こども園教育・保育要領」2017.
・文部科学省「幼稚園教育要領」2017.
・文部科学省「小学校学習指導要領」2017.
・文部科学省「小学校学習指導要領体育編」2017.
・文部科学省「多様な動きをつくる運動（遊び）パンフレット」2008.
・文部科学省、動画①「小学校低学年体育～02 体ほぐしの運動」、https://www.youtube.com/watch?v=fdhcDbXK5T8（2024.9.27閲覧）、2014.
・文部科学省、動画②「小学校低学年体育～03 多様な動きをつくる運動遊び」、https://www.youtube.com/watch?v=lpzHEdyK49Q（2024.9.27閲覧）、2014.
・文部科学省「小学校学習指導要領生活編」2017.
・前橋明『健康――保育子どもの未来づくり』明研図書、2007.
・文部科学省「幼児期運動指針ガイドブック」2012.
・World Health Organization「Global Recommendations on Physical Activity for Health」pp.17-21，2010.
・日本幼児体育学会編『幼児体育――理論と実践　第6版』大学教育出版、2019.

第15章

領域「健康」をめぐる現代的課題

本章のねらい

本章では、子どもたちが日々生活をするなかでかかわるさまざまな人的、物的環境を通して「何」を「どのように」学び、遊び、楽しむことが健康的なのかを具体的な事例を通して学びます。そのために保育者は、子どもたちを取り巻く社会環境を理解していく必要があります。文部科学省や厚生労働省などが示している内容をわかりやすく解説していますので、子どもたちの姿をイメージしながら理解を深めましょう。

学習のポイント

- 子どもたちにかかわる、現代の保育における課題にはどのようなものがあるのかを考えてみましょう。そして、その課題に対して保育者は、どのように援助や配慮をするべきなのかを幼稚園教育要領解説や保育所保育指針解説をもとに理解しましょう。
- 事例を踏まえて自分ならどのような環境構成をするのか、その理由を具体的に書き表してみましょう。また、事例を応用して自ら新たな課題を見出しましょう。例えば、事例が「公園への散歩」なら、「水族館への遠足」に変えてみた場合に考えられる新たな課題を検討し、保育者としてどのような援助や配慮が必要なのかを考えましょう。
- 援助や配慮、環境構成を書き表した際には、具体的にどのような言葉がけやコミュニケーションをするのか、また、準備物もその名称を書き表し、学びを可視化してみましょう。

> **学習の準備**
>
> 子どもたちを取り巻く社会環境は、どのような状況なのかを、自分の子どもの頃と比較して考えてみましょう。きょうだいや保護者とのかかわりや、地域の行事、習い事や、近隣の友達と遊んだ思い出など、それぞれの「時間」を過ごしてきたのではないでしょうか。
> 自分が、何歳の頃、どのような人的環境とかかわりながら、どのような遊びをしていたのかを具体的に書き出してみましょう。

第1節 社会や家庭の環境

❶ 社会環境

　現代社会において、子どもたちを取り巻く環境は大きく変化しています。文部科学省が示す「幼児期運動指針」には、科学技術の発展により、便利な機器が増え体を動かす機会が減少していることや、歩く機会や家事手伝い、遊びをはじめとする身体活動も形を変えていると示されています。

　サブスクリプションを例にすると、動画配信サービスは大人だけではなく子どもたちの求める情報や動画などを提供し、図書館や動物園に行かずともそれらを映像で楽しむことができます。食事や生活用品を届けてくれる宅配サービスも、家族や友だちと買い物に行かなくても自宅で必要なものを受け取ることができます。

　これらはとても便利であり、現代社会においては必須のものとなっています。その反面、家族や親せき、近隣の方、友だちなどと一緒に、予定を合わせたり、準備をしたり、会話を楽しみながら歩いて目的地まで向かうなどという過程を経験する機会も減少しています。

❷ 地域の人材や資源

　都市化や核家族化が進むなか、地域によってさまざまな施設や、イベント、企画が実践されています。

1）ブックスタート

　5領域「健康」における内容として、「先生や友達と触れ合い、安定感をもっ

て行動する」と示されています。保育所や幼稚園では、年齢や発達に適した絵本に触れることができますが、家庭によっては、絵本を買ってみたいけれども何を買ってよいのか戸惑うこともあるでしょう。地域とのつながりがほとんどない場合や、相談する相手がいない方もいます。

そんななかブックスタートとは、0歳児健診や出生届を申請した際などに絵本をプレゼントしてもらったり、絵本の読み聞かせ体験ができる機会を作ってもらえたりすることです。地域によってスタイルはさまざまですが、出産後、なかなか本屋に行って絵本を選び買うことが難しい方や、何を買ってよいか不安になっている方にとっては、とてもありがたい取り組みといえるでしょう。

また、図書館や公民館などで読み聞かせのイベントに参加することで、さまざまな絵本や紙芝居、図鑑などに触れることができるだけでなく、その場が同じ年齢の子どもを育てる保護者同士のコミュニティになり、子育ての大変さや喜びを共有する場にもなっています。

2) 文化や伝統

「健康」の内容として、「様々な活動に親しみ、楽しんで取り組む」というものがあります。近年、近隣の方とのつながりが減少したり、インターネット環境の普及などの要因から実際に触れ合いながらさまざまな人とかかわる機会がなかったりという状況が増えてきています。

文化や伝統というと、少し難しい印象を受けるかもしれませんが、それぞれの地域で行われている行事や祭りなどのことです。例えば、盆踊り祭りでは、地域で呼びかけ合い、公民館などで高齢者が子どもたちに盆踊りを教えてくれたり、一緒にお菓子を食べて会話を楽しんだりして、祭り当日には一緒に踊ったり、太鼓をたたいたりする地域もあります。

その他にも、地域の有志の方々と子どもがこいのぼりや灯篭を作って飾ったり、演奏家の方々と一緒に楽器を作ったり演奏したりする機会を設けているところもあります。

取り組みやスタイルはさまざまですが、その地域ごとの特性を活用し、文化や伝統行事を通して会話や造形、運動が実践できる環境もあります。

❸ 家庭との連携

　保育所保育指針解説には、保育所での遊びや活動と家庭での生活や体験が互いに作用し、さまざまな物事に対する興味、関心を広げることの重要性が示されています。そして、幼稚園教育要領解説にも幼稚園における生活と家庭での生活に連続性があり、それぞれが展開していくようにすることの必要性が示されています。

　例えば、保育所の4歳児クラスで、なわとびに興味をもっている子がたくさんいるとします。保育所では広い園庭で跳んだり、体育館やホールで保育者や友だちと長なわとびを楽しんだりしています。その情報を送り迎えの際やクラスだより、ポートフォリオなどで、保護者に伝えることで、休日、家族や近隣の子どもたちと一緒に遊ぶ楽しみの一つになるかもしれません。子どもたちは、友だちや、保育者から得た情報や自分で気づいたことを家族に伝えたり、きょうだいで楽しんだりすることで、意欲的かつ主体的に遊び込むことができるでしょう。

　❶から❸に共通するポイントは「情報」です。子どもたちを取り巻く社会環境というと、ネガティブな要素が多いように感じられるかもしれませんが、サブスクリプションも地域の文化や伝統、家庭環境などの実態を把握することで、それぞれの家庭、子どもたちに適した有用な「健康的な遊び」を見出すことができます。そのためには子どもたちのことをよく見て、彼らを取り巻く環境の実態を知ることがまず第一歩です。

第2節　子どもの育ちの問題

❶ 知識及び技能の基礎を育むために

　第1節❶で示したように、現代社会において、SNSやサブスクリプションの多様化に伴い、情報が向こうから自動的にやってくることもあります。例えば、動画配信サービスで好きな動物の動画を見ていると、その情報から、おすすめとしてそれに関連する動画が表示されます。このような環境のなかで、保育の場ではどのような環境構成、援助や配慮が求められるのでしょう。

　幼稚園教育要領解説には、「豊かな体験を通じて、感じたり、気付いたり、分かったり、できるようになったりする『知識及び技能の基礎』」の重要性が示さ

れています。

　それでは、それらに関して事例を通して学んでみましょう。

事例 15-1

　3歳児クラスの子ども30名と保育者3名で近くの公園に行きます。公園までの道のりで、AとBは「虫さんいるかな」や「ちょうちょいるよ」など会話をしながら、手をつないで歩いています。公園に着くと、保育者と一緒に水筒のお茶を飲んだり、上着を脱いだりします。CとDはどんぐりやまつぼっくりを見つけ、両手いっぱいに抱え、「先生、これもって帰りたい」と言い、保育者から袋をもらい、うれしそうに袋に入れていきます。

　EとFは、バッタを見つけ、追いかけて虫かごに入れようとしますが、なかなかうまくいきません。そこに保育者が援助をして、虫かごに入れ、園に持ち帰ることにしました。

　園に戻ったあと、持ち帰ったどんぐりやまつぼっくりを園長先生やほかのクラスの友だちに見せに行ったり、捕まえた虫の名前や、何を食べるのかなどを図鑑で調べたりすることにしました。

演習課題

　この公園での体験を通して、子どもたちはどのようなことを感じたり、気づいたり、わかったりしたのかを考えてみましょう。また、この体験を踏まえて、遊びが展開、継続していくためには、保育者としてどのような環境構成や援助をすることがよいのかも考えてみましょう。

❷ 思考力、判断力、表現力等の基礎を学ぶために

　第1節❷で示したように、地域にはさまざまな人材や資源、文化や伝統があります。それぞれの市区町村によってそれらの取り組みはさまざまですが、基本的には祭りやワークショップなど、子どもと保護者が足を運んで参加するものがイメージしやすいのではないでしょうか。それらも非常に有用で子どもの学び、育ちに重要なものです。

　しかし、保護者のなかには自分から足を運んで行くことに戸惑いや不安を感じ、一歩踏み出せない方もいます。そういった状況も踏まえ、保育所や幼稚園な

どでは、地域の人材の活用も取り入れられています。

幼稚園教育要領解説には、「気付いたことや、できるようになったことなどを使い、考えたり、試したり、工夫したり、表現したりする『思考力、判断力、表現力等の基礎』」の重要性が示されています。

それでは、それらに関して事例を通して学んでみましょう。

> **事例 15-2**
>
> 　Ａ幼稚園では、毎年保護者会において保護者参加型のワークショップを園で行っています。内容は保護者の方々に声をかけ、それぞれの特技や経歴を活かした教育（保育）を行ってもらうというものです。これは、とある園で実際に行われたワークショップ型保育の例です。
>
> 　その年の保護者のなかに、芸術面に長けた方が多く、子どもたちと一緒にさまざまな素材に触れ、造形遊びを楽しむ機会を設けました。スライムや色水などを作る実験型のブースや、ネジや段ボールや空き箱などを使い建物を作って遊ぶブースなど、保護者と子どもたちが自分の好きなところで、好きなだけ遊び込むことができるというものです。４歳児クラスでは、ＡとＢは普段あまり一緒に遊ぶ姿は見られませんが、２人とも色水遊びに興味をもったようで、花びらを擦りつぶし、色水を作っては、混ぜたり、においをかいでみたりしています。
>
> 　段ボールハウス作りでは、20人以上の子どもと保護者が、一緒になって一つの家や街を作っています。子ども同士はもちろん、保護者同士も声をかけ合ったり、世間話をしたりする機会となりました。

演習課題

このワークショップでの体験を通して、子どもたちはどのようなことを考えたり、工夫したり、できるようになったのかを考えてみましょう。また、この体験を踏まえ保護者同士で会話をしたりしながら、コミュニケーションをとることはどのような意味があるのかも考えてみましょう。

❸ 学びに向かう力、人間性等を養うために

第1節❸で示したように、保育所や幼稚園などは家庭と連携をとり、今の子どもの姿を共有し、健やかに育ち、成長をしていけるように援助や配慮を行わなければなりません。これは、何も保育所で行っている遊びを家庭でも同じように

しなければならないというわけではありません。それぞれの保育所や幼稚園、家庭でできる連携を考え、実践することで、子どもたちは、意欲的に遊び込み、展開しながら健康的に過ごすことができるということです。

幼稚園教育要領解説には、「心情、意欲、態度が育つ中で、よりよい生活を営もうとする『学びに向かう力、人間性等』」の重要性が示されています。

それでは、それらに関しても事例を通して学んでみましょう。

事例 15-3

B 幼稚園では、保護者が園に送り迎えをします。登園の際は、エントランスにその日ごとに受け入れの担当保育者がおり、降園の際も同じく交代で担当が対応をしています。交代制ということもあり、毎日保護者は自分の子どもの担任と会えるわけではありません。そこで B 幼稚園では、ドキュメンテーション、ポートフォリオを活用し、今、クラスで子どもたちが何に興味をもち、友だちや保育者とどのような関係性を築いているのかなどを具体的に写真とコメントで表示しています。

例えば、5 歳児クラスの子どもたちが、さまざまなわらべうた遊びを楽しんでいるとします。

子どもたちが話し合ったり、実際に体を動かしたりしている写真を載せ、そのエピソードも具体的に保育者が書き表します。

そこに、「クラスでは、この歌を歌いながら遊んでいますが、地域によって歌詞や動作が異なるかと思いますので、ご家庭で別のバージョンがありましたら是非教えてください。また、お家の方が知っている楽しそうなわらべうた遊びがありましたら、そちらも教えていただけますと幸いです」と書き記してみました。

演習課題

このドキュメンテーション、ポートフォリオを見て、家庭ではどのような会話や、かかわりが生まれるでしょう。また、家庭で得た情報や経験を踏まえて、子どもは次の日どのような気持ちで友だちや保育者にかかわるでしょう。「心情」や「意欲」、「態度」というキーワードを使い表現してみましょう。

第3節　遊びの環境

❶ 環境の活用方法

　第1節で示したように、文部科学省は、幼児期運動指針に遊ぶ場所、遊ぶ仲間の減少を示しています。それらを保育者としての立場でどのようにしていくことが望ましいのでしょう。これまでの学びや事例を踏まえて考えてみましょう。

1）遊ぶ場所

　地域によってさまざまですが、市区町村が管理をしている遊び場所や、その他にもさまざまな遊び場所があります。その遊び場所を保育者が探したり、ときには作ったりすることで、子どもたちが伸び伸びと遊ぶ場所が見つかるかもしれません。

　保育所や幼稚園で実践されている事例から紹介すると、「おさんぽマップ」というものがあります。これは、保育者が普段子どもたちと一緒に散歩に行く公園や図書館、無料の動物遊園などに行くまでの道のりや交通の詳細、施設内の情報を細やかに記録し、保護者への掲示板やホームページにアップしたりしているものです。

　もちろん、保育者も子どもたちを初めて連れて行くことはありません。事前に歩く道のりを確認し、目的の施設のなかをよく歩き、確認をします。こちらで確認する内容が、おさんぽマップに記す内容です。確認することはさまざまですが基本的には以下のような内容です。

○道のり…信号の有無、歩道の広さ、植物の状態、距離、虫や害虫の状態などの安全面

○遊びの環境…遊具の種類（対象年齢）、動物の有無（アレルギー対応）、トイレの環境（便器の数や、衛生面など）、出入り口の数、管理人の有無、荷物置き場の有無など

○その他…園との緊急連絡方法、急な天候の変化への対応方法

　このようなものを、保育者で情報共有をしながら作成したり、年長児と一緒に作ったり、ときには保護者の方に情報共有を求め、作り上げたりします。そうすることで、園から帰宅する際や、買

い物の前に少し立ち寄ったり、休日に家族や近隣の方と一緒に出かけたりするきっかけになるかもしれません。遊ぶ場所が減少していることは事実ですが、子どもと遊びに行く際にどこに行ってよいのかわからないという保護者の方もいます。

　実際に、動物アレルギーやトイレの環境などで、行きたくても行けない方もいるでしょう。そんななか、その施設の特徴がわかれば対応方法がわかり、施設を利用できるかもしれません。

　保育者は地域と家庭をつなぐ役割も担っていますので、その地域ごとの特徴を活かした取り組みをすることも重要です。

演習課題

　皆さんの地域にある、公園や図書館を調べてみましょう。そして、その施設を（安全面、遊びの環境、その他の特徴）の3点のポイントでまとめてみましょう。

2）遊ぶ仲間

　現代社会における遊ぶ仲間の減少にもさまざまな要因があります。これに対しては、第2節❷で示したさまざまな地域の人材、ワークショップに参加すると新しい人間関係の構築のきっかけになるかもしれません。その他にも、本章で紹介した、図書館の読み聞かせを通じて新しいコミュニティができたり、公園に行った際に別の家庭の子と同じ遊びをしたりすることで、保育所や幼稚園外にも気の合う友だちができることもあります。

　ここでは、保育者として遊ぶ仲間（人間関係）を作る環境構成の事例を紹介します。

事例 15-4

　C幼稚園では、クラスメイト以外にもいくつかのコミュニティを作り、子どもたちがさまざまな人たちとかかわることができるように、以下のような取り組みを行っています。
○ひまわり組や、すみれ組など普段生活をする基本のクラス
○同学年全員で過ごす際の学年クラス
○にじバス組や、ゆきバス組など、送り迎えのバスのメンバーで過ごすクラス
○くま組や、りす組など3、4、5歳の異年齢児で構成されたクラス　など
　このように、園内だけでもさまざまな仲間づくりができます。体を使って思い切り運動遊びをする際には○○君たちと一緒に遊ぶことが楽しい。でも細か

い制作や造形あそびの際には□□ちゃんたちと一緒に遊ぶと面白い。など、活動内容によってコミュニティを変化させていくことも非常に有意義です。

　異年齢児クラスで過ごすことによって、年長児にあこがれを抱いたり、年少児に愛らしさを感じたりしながらまた新しい学びや気づきも生まれるでしょう。もちろん担当する保育者も代わるので、そういった面でも新しい発見や楽しみを見つけられるかもしれません。

演習課題

　異年齢児で過ごすことによって、子どもたちは互いにどのような気づきや、学び、楽しみがあるでしょう。

　保育者として設定できる新しい人的環境には、小学校との接続というものもあります。これは幼稚園教育要領解説にも示されているように、保育者が取り組むべき内容の一つでもあります。それでは、幼稚園、保育所、認定こども園と小学校がどのように連携しているのかを事例を通して学んでみましょう。

事例 15-5

　D保育所では、近隣のE小学校と連携をとり、保育を実践しています。E小学校の2年生から招待状をもらい、D保育所の子どもたちは、実際に学校に行き、2年生と一緒に謎解きをしながら学校内を探検します。2年生の子と手をつなぎ、一緒に音楽室や教室を探検することで、小学校への期待や安心感にもつながることを目的としています。そうして、後日2年生の子を保育所に招待し、一緒に遊んだり、食事をしたりして遊びます。

> **演習課題**
>
> 小学校に行き、先生や2年生の子どもたちと一緒に過ごすことで、子どもたちは何を感じたり、考えたりするでしょう。また、就学したあとにどのようなつながりが生まれるのかを考えてみましょう。

❷ 安全に遊ぶための環境構成や生活に必要な体験

1）登園、降園の受け入れ、引き渡し

「健康」の内容に「危険な場所、危険な遊び方、災害時などの行動の仕方が分かり、安全に気を付けて行動する」と示されています。子どもたちは登園すると不安な様子を見せたり、早く遊びたい気持ちを体で表したりします。そして降園時には、遊び疲れて注意力が散漫になっていたりします。保育者は保護者から子どもを預かり、引き渡す際に会話をしたり、子どもの様子を見たりなど、ほかにも留意することがたくさんあります。それらを担任1人で担うことは非常に困難です。

そのような環境では、保護者対応をする保育者とは別に1名以上全体を監視する人材が必要です。そうすることで、事故やトラブルを防ぎ、保護者も安心して子どもを預けることができるでしょう。

2）水道、トイレでの留意事項

幼稚園教育要領「健康」の内容に「幼稚園における生活の仕方を知り、自分たちで生活の場を整えながら見通しをもって行動する」と示されています。近年、衛生面や安全管理の面からトイレの入り口にドアがないことは、駅やショッピングモールなどでも取り入れられています。その他にも、手洗い場の水道も蛇口をひねるものから、手をかざすだけで水が出るものに変わっていき、ハンカチで手を拭かなくても消毒から乾燥まで機械でできるものも多々あります。

便器も和式を撤廃し、洋式のみのスタイルの幼稚園も増えてきています。しかし、それらは完全になくなっているわけではなく、子どもたちも環境に応じて対応できるような経験は必要です。そのような体験も子どもたちに無理やりさせるのではなく、絵本や紙芝居などで興味・関心をもてるようにしたり、体操や手遊び、ゲームなどを通したりして、イメージをもち、いろいろなことに挑戦する意欲を育めるようにすることが保育者の役割です。

事例 15-6

2歳児の担任保育者は、子どもたちと一緒にトイレに行き、排泄を済ませた子は、隣の4歳児クラスの後方で会話や絵本を読んで遊べるようにしておく（事前に、4歳児クラスの先生とは打ち合わせをしておく）。逆に、4歳児クラスの子がトイレに行く際も同じようにできる環境構成をしておく。

事例 15-7

フリーの職員と連携をとり、保育室とトイレもしくは水道前に分かれて子どもたちの様子を見られるようにしておく。

3）通園バスに関する留意事項

　近年増加しているバスに関する事故のなかでも、保育者が徹底した対応をすることによって避けられることがたくさんあります。そのなかの一つがチェックリストです。これはバスだけではなく、プール遊びや、午睡の確認などフォーマットを工夫すればさまざまな活用方法があります。

　ここでは、ある園で使用しているチェックリストを参考に例として紹介します。

【バスの安全確認チェックリストの一例】

```
              月　　日（　）　登園時バスチェックリスト
同乗職員名＿＿＿＿＿＿＿＿＿＿＿＿＿＿＿
こどもの乗車人数
A 集合場所年長　　　人
　　　　　年中　　　人
　　　　　年少　　　人
B 集合場所年長　　　人
　　　　　年中　　　人
　　　　　年少　　　人
欠席連絡者＿＿＿＿＿＿＿＿＿＿＿＿＿＿＿
連絡のない欠席者＿＿＿＿＿＿＿＿＿＿＿
○同乗職員は子どもが着席していることを確認した□
○同乗職員は子どもが全員降車したことを確認した□
○運転手は保育者降車後、車内に子どもがいないかを確認した□
運転手＿＿＿＿＿＿＿＿＿＿＿＿＿＿＿
```

演習課題

上記の例を参考に「降園時バスチェックリスト」を作成してみましょう。

学習のまとめ

1．保育をするなかで活用できる地域の施設には、どのようなものがあるのかをまとめてみましょう。
2．保育者は、「1」で回答した施設をどのように活用するとよいのかを考えてみましょう。
3．小学校との連携を行う場合、どのようなかかわりあいをすることができるでしょう。また、その連携によって、子どもたちへのどのような効果が期待されるでしょう。
4．子どもたちを連れて、公園に行く際に事前にどのようなことを調査しておくべきでしょう。
5．子どもたちが安全に過ごすために、登園時や、降園時、園庭遊びなど大勢の子どもが移動や遊びを行う場で、保育者同士どのような連携をとるべきでしょう。

参考文献

・文部科学省『幼稚園教育要領解説』2018.
・厚生労働省『保育所保育指針解説』2018.
・内閣府・文部科学省・厚生労働省『幼保連携型認定こども園教育・保育要領解説』2018.

編著者・執筆者一覧

編著者

近喰　晴子（東京教育専門学校副校長）

茗井香保里（田園調布学園大学子ども未来学部教授）

執筆者（執筆順）

近喰　晴子（前掲） ……………………………………………………………… 第1章

朴　　淳香（文京学院大学人間学部教授） …………………………………… 第2章

眞鍋　隆祐（彰栄保育福祉専門学校専任講師） ……………………………… 第3章

熊澤　桂子（東京教育専門学校専任講師） …………………………………… 第4章

岩本　圭子（田園調布学園大学子ども未来学部准教授） …………………… 第5章

韓　　仁愛（和光大学現代人間学部准教授） ………………………………… 第6章

味田　徳子（秋草学園短期大学地域保育学科講師） ………………………… 第7章

志濃原亜美（秋草学園短期大学幼児教育学科教授） ……………… 第8章第1節・第2節

茗井香保里（前掲） …………………………………………………… 第8章第3節

小貫　凌介（聖ヶ丘保育専門学校専任教員） ………………………………… 第9章

桐原　由美（国際学院埼玉短期大学幼児保育学科教授） …………………… 第10章

宇佐美かおる（こども教育宝仙大学教授） …………………………………… 第11章

田中　卓也（育英大学教育学部教授） ………………………………………… 第12章

島﨑あかね（実践女子大学生活科学部教授） ………………………………… 第13章

廣瀬　　団（東北生活文化大学短期大学部生活文化学科准教授） ………… 第14章

三島　秀晃（帝京平成大学人文社会学部助教） ……………………………… 第15章

保育内容「健康」と指導法
考える・広がる・つながる

2025年3月20日　発行

編　著	近喰晴子、茗井香保里
発行者	荘村明彦
発行所	中央法規出版株式会社
	〒110-0016　東京都台東区台東 3-29-1 中央法規ビル
	TEL 03-6387-3196
	https://www.chuohoki.co.jp/
印刷・製本	株式会社太洋社
本文イラスト	タナカユリ
装丁・本文デザイン	株式会社ジャパンマテリアル

定価はカバーに表示してあります。
ISBN978-4-8243-0200-7

本書のコピー、スキャン、デジタル化等の無断複製は、著作権法上での例外を除き禁じられています。また、本書を代行業者等の第三者に依頼してコピー、スキャン、デジタル化することは、たとえ個人や家庭内での利用であっても著作権法違反です。

落丁本・乱丁本はお取り替えいたします。

本書の内容に関するご質問については、下記URLから「お問い合わせフォーム」にご入力いただきますようお願いいたします。
https://www.chuohoki.co.jp/contact/

A200